JN088906

Deutsch macht Spaß!

[verbesserte Auflage]

Ichiro Kawada   Tokuo Watanabe
Shiho Kurose   Mine Atomori

SANSHUSHA

音声ダウンロード＆ストリーミングサービス（無料）のご案内

https://www.sanshusha.co.jp/onsei/isbn/9784384123012/

本書の音声データは、上記アドレスよりダウンロードおよびストリーミング再生ができます。ぜひご利用ください。

Download

Streaming

はじめに

　この教科書は初めてドイツ語を学ぶ学生を対象にした文法中心の文法読本です。参考書のような丁寧な文法解説、そして時代を反映するテーマを取り入れ、学生たちが飽きずに、あきらめずに学習意欲を保てるような構成となっています。

　ドイツ語の文章は、なるべく重要な単語を用い、習っていない文法が含まれないように注意をしました。また後半には、過去完了や冠飾句等も取り上げ、中級への橋渡しになるように配慮しています。練習問題には全ての課で独作文を入れ、学生が自身でドイツ語の文を正しく作れるよう、ヒントにも工夫しています。

　読本部分では、ドイツ語学習のモチベーションを上げるために、新たな提案をしております。

・インスタグラムなどの SNS のハッシュタグ（#）にドイツ語の単語をつけることにより、ドイツ語圏からの「いいね」に、日本に居ながらにして世界とつながることを感じて楽しんでもらう。

・来日する観光客に観光スポット、日本の世界遺産を紹介することにより、学生自身に日本再発見をしてもらう。

・クイズ形式で楽しみながらテキスト内容の理解を深めてもらう。

　『気分はドイツ』を楽しんでもらえるように、「Dialog」や「カフェでの注文の仕方」などを挟み込み、そのシチュエーションで想定しうる会話練習により、内容をより理解しやすいように配慮しました。

　音声は例文、練習問題、そして読本も吹き込まれていますので、音声も大いにご活用ください。

　ドイツ文に目を通し、内容に関して細部にまで丁寧な助言を与えてくださった Imke Lenz 先生に心から感謝の念を述べさせていただきます。

　最後に、本書『気分はドイツ』には、Deutsch macht Spaß! というドイツ語のタイトルがついていますが、初版は『気分はドイツ』Weg zum deutschen Meister と題して 1996 年 4 月に出版されました。上梓されて早くも四半世紀の時が経ったことになります。このささやかな教科書が、今後もドイツ語を学ぶ方々に少しでもお役に立てば幸いに存じます。

INHALT

Das Alphabet ··· 7

Lektion (0) 発音 ··· 8
注意すべき母音／注意すべき子音

Lektion (1) 動詞の現在人称変化（1） ······················· 10
動詞の現在人称変化（1）／sein, haben の現在人称変化／定形の位置

Lektion (2) 冠詞と名詞 ··· 13
名詞／冠詞／格の用法／複数形／複数形の定冠詞の格変化

Lektion (3) 動詞の現在人称変化（2） ······················· 17
動詞の現在人称変化（2）／特に注意すべき動詞

Wie heißen Sie? ·· 20

Lektion (4) 人称代名詞・冠詞類 ······························· 21
人称代名詞の3格・4格／定冠詞類／不定冠詞類／疑問詞

Lektion (5) 前置詞 ·· 26
2格と結びつく（2格支配）前置詞／3格と結びつく（3格支配）前置詞／4格と結びつく（4格支配）前置詞／3格または4格と結びつく（3・4格支配）前置詞／特定の前置詞と結びつく動詞／前置詞と定冠詞の融合形

Lektion (6) 定形の位置 ··· 30
定形第2位／並列の接続詞／定形第1位／命令文／副文

Begrüßung ··· 33

Lektion (7) 話法の助動詞 ·· 35
話法の助動詞の人称変化／用法／話法の助動詞の独立用法／副文中の話法の助動詞

Wohin sollen wir das stellen? ···································· 38

Lektion (8) 分離動詞・zu 不定詞 ······························· 39
分離動詞／zu 不定詞

Lektion (9) 動詞の3基本形 ······································· 42
動詞の3基本形／過去分詞に ge-がつかない動詞／分離動詞の3基本形／過去人称変化

Lektion (10) 現在完了形 ··· 45
現在完了形／haben か sein か／副文中の完了形

Kennen Sie Mozart? ·· 48

Lektion ⑪ 再帰動詞・受動 ··· 51
再帰代名詞／再帰動詞／動作受動／状態受動／es の用法（非人称の es）

Lektion ⑫ 形容詞 ·· 55
形容詞の用法／形容詞の変化／形容詞の比較変化／原級・比較級・最上級の
用法

E-Mail ··· 59

Lektion ⑬ 関係代名詞 ··· 60
定関係代名詞／不定関係代名詞

Ein Café in Wien ·· 62

ウィーン・カフェめぐり — どのカフェで、休憩しましょうか？ ······················ 63

Lektion ⑭ 接続法 ··· 64
直説法と接続法／接続法第 1 式／接続法第 2 式／接続法の過去

Lesetext 1 Sissi ·· 68

Lesetext 2 Richard Wagner ··· 69

Lesetext 3 Heidi ·· 70

Lesetext 4 Welterbe ··· 71

E-Mail aus Wien（メールの書き方） ··· 72

ドイツ語の封筒の書き方 ·· 73

数詞(1) ／ 11　数詞(2) ／ 18　数詞(3) ／ 32　数詞(4) ／ 41
Familie ／ 25　月・季節 ／ 25　方角・曜日 ／ 33　時を表す前置詞 ／ 47　序数 ／ 50

補足文法··· 74

語幹が -t, -d, -chn, -ffn 等に終わる動詞／語幹が[ス][ツ](-s, -ß, -ss, -tz, -z)で終わる動
詞／不定詞の語尾が -en ではなくて -n で終わる動詞／du, er/sie/es で語幹の母音が変わ
る動詞／特につづりに注意を要する動詞／冠詞がつかない場合／否定冠詞 kein ／nicht の
位置／ja, nein, doch の使い分け／3 格目的語と 4 格目的語の語順／時—方法—場所の
語順／形容詞の名詞化／冠詞類の格変化まとめ／形容詞の強変化／形容詞の弱変化／形
容詞の混合変化／男性弱変化名詞／過去完了／werden の用法／自動詞の受動／
sein+zu 不定詞／分詞／冠飾句

主要不規則動詞変化表··· 83

Deutschland / Österreich / Schweiz

DÄNEMARK

Nordsee

Ostsee

NIEDER-
LANDE

POLEN

Lübeck

Bremerhaven
Hamburg
Bremen

Osnabrück
Celle
Hannover

Berlin
Potsdam

Posen

Münster
Hameln
Duisburg
Dortmund
Göttingen
Essen
Düsseldorf
Leipzig
Köln
Kassel
Jena
Dresden
Bonn
Weimar
Quellendorf

BELGIEN

DEUTSCHLAND

Gießen
Frankfurt

Prag

Trier
Mainz

TSCHECHISCHE
REPUBLIK

Rothenburg
o.d.t
Bayreuth

LUXEMBURG

Heidelberg
Nürnberg

SLOWAKEI

FRANKREICH

Stuttgart

Erlangen

Ulm
Augsburg
Wien

München

Freiburg

Salzburg

Bodensee

ÖSTERREICH

Zürich

Innsbruck

Bern
SCHWEIZ

UNGARN
LIECHTENSTEIN
SLOWENIEN

ITALIEN

KROATIEN

Das Alphabet

A a	B b	C c	D d		
[aː]	[beː]	[tseː]	[deː]		
アー	ベー	ツェー	デー		
E e	F f	G g	H h		
[eː]	[ɛf]	[geː]	[haː]		
エー	エフ	ゲー	ハー		
I i	J j	K k	L l	M m	N n
[iː]	[jɔt]	[kaː]	[ɛl]	[ɛm]	[ɛn]
イー	ヨット	カー	エル	エム	エン
O o	P p	Q q	R r	S s	T t
[oː]	[peː]	[kuː]	[ɛr]	[ɛs]	[teː]
オー	ペー	クー	エア	エス	テー
U u	V v	W w	X x	Y y	Z z
[uː]	[faʊ]	[veː]	[ɪks]	[ýpsilɔn]	[tsɛt]
ウー	ファオ	ヴェー	イクス	ユプスィロン	ツェット
Ä ä	Ö ö	Ü ü			ß
[ɛː]	[øː]	[yː]			[ɛstsɛ́t]
エー					エスツェット

「オー」の口の形で「エー」 - 「ウー」の口の形で「イー」

Alphabet（アルファベート）

語源的にはギリシャ文字の Alpha（アルファ）と Beta（ベータ）を合成したもの。

ドイツ語特有の文字4つ

・ウムラウト（変母音）

古くは Ae, Oe, Ue、のちに Å, O̊, Ů とつづり、現在の字形 Ä, Ö, Ü となった。
それぞれ「アー・ウムラウト」、「オー・ウムラウト」、「ウー・ウムラウト」と呼ぶ。

Ä ä 「アー・ウムラウト」→「エー」と発音する

Ö ö 「オー・ウムラウト」→「オー」の口の形で「エー」と発音する

Ü ü 「ウー・ウムラウト」→「ウー」の口の形で「イー」と発音する

・エスツェット

ß ドイツ文字の sz の合字（ſʒ）に由来するもので、[s ス]と発音する。

Lektion **0** null

発音

① 大体ローマ字式に発音する。

② アクセントは原則として最初の母音にある。

③ アクセントのある母音の長短

　●母音のあとに子音が1個——長母音

　●母音のあとに子音が2個以上——短母音（アクセントのない母音は短母音になる）

002
CD1·02

母音 + 子音1つ以下 ——→ 長母音

Name　haben　Kino　Dom　du

母音 + 子音2つ以上 ——→ 短母音

kalt　denken　Film　Post　uns

1　注意すべき母音

003
CD1·03

1 変母音

ä	[ɛː]	Dänemark	デンマーク
	[ɛ]	Länder	国々
ö	[øː]	hören	聞く
	[œ]	Köln	ケルン(地名)
ü	[yː]	müde	疲れた
	[ʏ]	Düsseldorf	デュッセルドルフ(地名)

004
CD1·04

2 二重母音

au	[aʊ アオ]	Baum	木
äu	[ɔʏ オイ]	Bäume	木々
eu	[ɔʏ オイ]	heute	今日
ei	[aɪ アイ]	Eis	氷
ie	[iː イー]	Liebe	愛
ie	[ɪə イエ]	Lilie	ゆり

005
CD1·05

3 -r の母音化

-r	[ɐ ア]	mir	私に
-er	[ɐ アー]	Mutter	母

辞書の引き方！

ä, ö, ü は a, o, u の後に、ß は ss の後に置かれる。

8　acht

006
CD1·06
1) CD　2) EU　3) Euro（€）　4) BMW　5) Benz　6) Audi　7) Volkswagen　8) Porsche

2　注意すべき子音

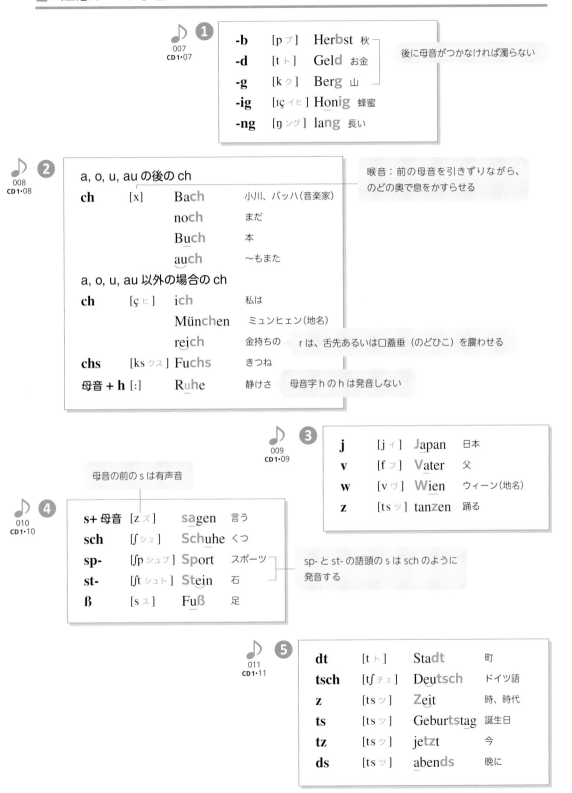

♪ 007 CD1・07 ❶

-b	[p ブ]	Herbst	秋
-d	[t ト]	Geld	お金
-g	[k ク]	Berg	山
-ig	[ɪç イヒ]	Honig	蜂蜜
-ng	[ŋ ング]	lang	長い

後に母音がつかなければ濁らない

♪ 008 CD1・08 ❷

a, o, u, au の後の ch

ch	[x]	Bach	小川、バッハ（音楽家）
		noch	まだ
		Buch	本
		auch	〜もまた

喉音：前の母音を引きずりながら、のどの奥で息をかすらせる

a, o, u, au 以外の場合の ch

ch	[ç ヒ]	ich	私は
		München	ミュンヒェン（地名）
		reich	金持ちの
chs	[ks クス]	Fuchs	きつね
母音 + h	[:]	Ruhe	静けさ

r は、舌先あるいは口蓋垂（のどひこ）を震わせる

母音字 h の h は発音しない

♪ 009 CD1・09 ❸

j	[j イ]	Japan	日本
v	[f フ]	Vater	父
w	[v ヴ]	Wien	ウィーン（地名）
z	[ts ツ]	tanzen	踊る

母音の前の s は有声音

♪ 010 CD1・10 ❹

s+ 母音	[z ズ]	sagen	言う
sch	[ʃ シュ]	Schuhe	くつ
sp-	[ʃp シュプ]	Sport	スポーツ
st-	[ʃt シュト]	Stein	石
ß	[s ス]	Fuß	足

sp- と st- の語頭の s は sch のように発音する

♪ 011 CD1・11 ❺

dt	[t ト]	Stadt	町
tsch	[tʃ チュ]	Deutsch	ドイツ語
z	[ts ツ]	Zeit	時、時代
ts	[ts ツ]	Geburtstag	誕生日
tz	[ts ツ]	jetzt	今
ds	[ts ツ]	abends	晩に

9) Baumkuchen　10) An die Freude

動詞の現在人称変化（1）

012
CD1·12

Er lernt Englisch.
彼は英語を 学ぶ／学んでいる。

Wir lernen Deutsch.
私たちはドイツ語を 学ぶ／学んでいる。

> ドイツ語の現在形は英語の現在形と現在進行形に相当する。

013
CD1·13

1 動詞の現在人称変化（1）

動詞の基本の形（辞書形）を不定形（不定詞）という。

動詞の不定形（不定詞）は語幹と語尾 **-en**（動詞によってはまれに **-n**）からなる。

不定形　**lern-en**　　　**trink-en**
　　　　語幹 - 語尾　　　語幹 - 語尾

動詞の形は、主語の人称・数に応じて変化する。これを人称変化という。

動詞の現在人称変化は基本的に語幹に次のような語尾をつける。

		人称代名詞		語尾	lern■	trink■
単数	1人称	ich イヒ	私は	-e	lerne	trinke
	2人称	du ドゥー	君は	-st	lernst	trinkst
	3人称	er エア	彼は	-t	lernt	trinkt
		sie ズィー	彼女は			
		es エス	それは			
複数	1人称	wir ヴィーア	私たちは	-en	lernen	trinken
	2人称	ihr イーア	君たちは	-t	lernt	trinkt
	3人称	sie ズィー	彼らは 彼女らは それらは	-en	lernen	trinken
	2人称	Sie ズィー	あなた（方）は	-en	lernen	trinken

> 2人称 du, ihr は家族、友人など親しい間柄で、また子供に対して用いられる（親称）。それ以外の関係では Sie を単数、複数ともに用いる（敬称）。

ich	-e
du	-st
er	-t
wir	-en
ihr	-t
sie	-en

エスト・テン・テンと覚える

> 2人称敬称の Sie は3人称複数を転用したものなので、動詞の形も同じ。頭文字はつねに大文字。

主語に応じて変化した動詞の形を定形（定動詞）という。

Trinkst du Tee?　—Ja, ich **trinke** Tee.

Trinken Sie Kaffee?　—Ja, ich **trinke** Kaffee.

trinken

訳してみよう！ Trink**t** sie Bier? Trink**en** sie Wein? Trink**en** Sie Tee?

2 sein, haben の現在人称変化

不定形 sein [ザイン]

ich	bin [ビン]	wir	sind [ズィント]
du	bist [ビスト]	ihr	seid [ザイト]
er sie es	ist [イスト]	sie (Sie)	sind [ズィント]

不定形 haben [ハーベン]

ich	habe [ハーベ]	wir	haben
du	hast [ハスト]	ihr	habt [ハープト]
er sie es	hat [ハット]	sie (Sie)	haben

Ich **bin** Student. Sie **ist** Studentin. **sein**

Anna **ist** jung. Er **ist** alt. └女性語尾 -in

Peter **hat** Fieber. **haben**

Hast du jetzt Zeit?

3 定形の位置

疑問詞のない疑問文をのぞき、主文（独立した文）の定形は2番目に置かれる（定形第2位の原則）。
文頭に主語がくるとは限らない。

	2	
Er	wohnt	jetzt in Berlin.
Jetzt	wohnt	er in Berlin.
In Berlin	wohnt	er jetzt.
Wo	wohnt	er jetzt?
Wohnt	er	jetzt in Berlin?

wohnen

疑問詞のない疑問文の定形は文頭

数詞

0	null	[ヌル]	7	sieben	[ズィーベン]	14	vierzehn	[フィアツェーン]
1	eins	[アインス]	8	acht	[アハト]	15	fünfzehn	[フュンフツェーン]
2	zwei	[ツヴァイ]	9	neun	[ノイン]	16	sechzehn	[ゼヒツェーン]
3	drei	[ドライ]	10	zehn	[ツェーン]	17	siebzehn	[ズィープツェーン]
4	vier	[フィーア]	11	elf	[エルフ]	18	achtzehn	[アハツェーン]
5	fünf	[フュンフ]	12	zwölf	[ツヴェルフ]	19	neunzehn	[ノインツェーン]
6	sechs	[ゼクス]	13	dreizehn	[ドライツェーン]	20	zwanzig	[ツヴァンツィヒ]

辞書の引き方!

Ich **lerne** Deutsch. Peter **lernt** Japanisch.

動詞は、lerne, lernt という定形のまま引かないで、不定形 lernen にして引く。

Du singst **gut**. gut は副詞で、「じょうずに」という意味であるが、辞書では形容詞 (形)「じょうずな」と
して出ている。ドイツ語では形容詞がそのまま副詞としても用いられる。

elf 11

Übung 1

♪ 017 CD1·17 **1** 不定形を人称変化させて、下線部に入れ、全文を和訳しなさい。また主語を変えて練習しなさい。

1. Ich _____ Kaffee. — trinken

2. Du _____ gut. — singen

3. Er _____ in Berlin. — wohnen
ベァリーン

4. Was _____ ihr? —Wir studieren Musik. — studieren
ムズィーク

5. _____ Herr und Frau Schmidt aus Amerika? — kommen
⦅英⦆ Mr. and Mrs.

   —Nein, sie _____ aus Deutschland.

6. _____ Sie Japaner? —Ja, ich _____ Japaner. 女性形 Japanerin — sein
ヤパーナー　　　　　　　　　　　　　　　　　　　　　　ヤパーネリン

7. Peter _____ heute Geburtstag. — haben
ゲブァツターク

♪ 018 CD1·18 **2** 下線部の動詞の不定形を書きなさい。また全文を和訳しなさい。

1. Wie heißen Sie? —Ich heiße Peter Schmidt. _____

2. Sie lernt jetzt Englisch und Deutsch. _____

3. Was macht ihr morgen? —Morgen spielen wir Tennis. _____ _____

4. Deutsch ist leicht. _____

5. Ich bin Studentin und studiere Jura. _____ _____
ユーラ

6. Hast du Geld? —Ja, ich habe heute Geld. _____

7. Herr Sato arbeitet jetzt in Deutschland. _____
└─ 口調上の e（下の Tipp! 参照）

♪ 019 CD1·19 **3** ドイツ語にしなさい。

1. 私は ○○ 自分の名前 という名前です。私は 大学生 です。

_____

🐱 …という名前である：heißen（2番目）/ 大学生：Student（男性）　Studentin（女性）/ …である：sein（2番目）

2. マリは 英語を 学んでいます か？ —いいえ、彼女(小文字)は 今 ドイツ語を 学んでいます。

_____

🐱 英語：Englisch（文末）/ 学ぶ：lernen（疑問文では文頭）/ いいえ：nein / 今：jetzt / ドイツ語：Deutsch（文末）

チャレンジ問題 この課に出てきた単語を使ってみよう！

あなたは今日 時間がありますか？ —はい、私は時間があります。

_____

Tipp! 語幹が **-t** で終わるもの（例：arbei**t**en）は、口調の都合で、du **-est**, er **-et**, ihr **-et** と **e** を入れる。（74頁）

冠詞と名詞

020
CD1·20

Der Vater¹ kauft dem Kind³ eine Uhr⁴.

父は その子供に 一つの時計を 買う。

Ich kenne den Vater⁴ des Kindes².

私は その子供の 父親を 知っている。

021
CD1·21

1 名詞

男性 *m*, 女性 *f*, 中性 *n* の文法上の性の区別がある。

男性名詞 *m*		女性名詞 *f*		中性名詞 *n*	
Vater	父	Mutter	母	Kind	子供
Lehrer	先生	Frau	女性、妻、Mrs.	Haus	家
Brief	手紙	Uhr	時計	Buch	本

―― 5タイプあり

単数 *sg*、複数 *pl* の区別がある。

1格(主語)、2格(所有格)、3格(間接目的語)、4格(直接目的語)の4つの格がある。

022
CD1·22

2 冠詞

名詞の前に置かれ、性・数・格を表す。

❶ 定冠詞(㊤ *the*) + 名詞の格変化

Vater, Mutter, Kind に男性、女性、中性の定冠詞をつけると、次のような形になる。
どれのことか聞き手がわかっているであろうと話し手が考える名詞につける。

	m Vater 父		*f* Mutter 母		*n* Kind 子供	
1格 が / は	der デア	Vater	die ディー	Mutter	das ダス	Kind
2格 の	des デス	Vater**s**	der デア	Mutter	des デス	Kind**es**
3格 に	dem デム	Vater	der デア	Mutter	dem デム	Kind
4格 を	den デン	Vater	die ディー	Mutter	das ダス	Kind

男性・中性2格は
名詞に **-s** または
-es がつく。

♪ ❷ 不定冠詞（英 *a, an*）+ 名詞の格変化

Lehrer, Frau, Haus にそれぞれ男性、女性、中性の不定冠詞をつけると、次のような形になる。
聞き手がまだ知らないであろうと話し手が考える名詞につける。

	m Lehrer 先生	*f* Frau 女性	*n* Haus 家
1格 が / は	ein△ Lehrer アイン	eine Frau アイネ	ein△ Haus アイン
2格 の	eines Lehrer**s** アイネス	einer Frau アイナー	eines Haus**es** アイネス
3格 に	einem Lehrer アイネム	einer Frau アイナー	einem Haus アイネム
4格 を	einen Lehrer アイネン	eine Frau アイネ	ein△ Haus アイン

♪ **3 格の用法**

			1	der	Vater
1格（主語）	**Der Vater** ist Lehrer. 父は		2	des	Vaters
2格（所有格）	Der Freund **des Vater*s*** wohnt jetzt in Berlin. 父の		3	dem	Vater
3格（間接目的語）	Die Tochter schenkt **dem Vater** eine Krawatte. 父に クラヴァッテ		4	den	Vater
4格（直接目的語）	Wir lieben **den Vater**. 父を				

> **2格の位置**：2格は修飾する名詞の後に置く。（英 *of*）
> 「父の友人は」と言う時は、修飾する名詞「友人は」の
> 後ろに「父の（2格）」を置く。
>
> 日本語：父の友人は
>   ↓
> ドイツ語：**der** Freund¹ **des** Vater***s***²

♪ **4 複数形**

名詞の複数形は次の5つのタイプに分類される。

	単数形 *sg*	語尾	複数形 *pl*	複数3格
① 無語尾型	Lehrer 先生	──	Lehrer△	Lehrer**n**
	Bruder 兄弟	¨	Brüder△	Brüder**n**
② -e 型	Jahr 年、歳	──e	Jahre	Jahre**n**
	Hand 手	¨e	Hände	Hände**n**
③ -er 型	Kind 子供	──er	Kinder	Kinder**n**
	Buch 本	¨er	Bücher	Bücher**n**
④ -en/-n 型	Frau 女性	──en	Frauen	Frauen△
	Blume 花	──n	Blumen	Blumen△
⑤ -s 型	Auto 自動車	──s	Autos	Autos△

無語尾型、-e 型、-er 型は、
複数3格で -**n** が付く。

▶辞書形は単数1格の形。

 調べてみよう！ 1) Studentin　2) Museum の複数形は？

♪ 5 複数形の定冠詞の格変化

複数形には性の区別はない。定冠詞は die, der, den, die に一本化される。

単数形		Lehrer 無語尾型	Jahr -e 型	Kind -er 型	Frau -en/-n 型	Auto -s 型
複数形		Lehrer △	Jahre	Kinder	Frauen	Autos
1 格	die ディー	Lehrer	Jahre	Kinder	Frauen	Autos
2 格	der デア	Lehrer	Jahre	Kinder	Frauen	Autos
3 格	den デン	Lehrer*n*	Jahre*n*	Kinder*n*	Frauen △	Autos △
4 格	die ディー	Lehrer	Jahre	Kinder	Frauen	Autos

辞書の引き方！

Haben Sie **Kinder**? – Ja, ich habe zwei **Söhne** und drei **Töchter**.

-er をとって **Kind** で引く　　　ö を o に(¨ をとって)，　　　ö を o に **Tochter** で引く
　　　　　　　　　　　　　　　　語尾 e をとって **Sohn** で引く

名詞がどの複数形のタイプに属するかは，辞書で調べることができる。

Lehrer [léːrer] 男 -s/- ⟶ 複数形は無語尾型で
　　　　　　　　　　　　　　　　Lehrer △（先生たち）
　　　　　　　↓
　男性名詞　　単数 2 格は Lehrer**s**

Frau [frao] 女 -/-en ⟶ 複数形は -en 型で
　　　　　　　　　　　　　　Frauen（女性たち）
　　　　　　↓
　女性名詞　単数 2 格は Frau

Kind [kint] 中 -[e]s/-er ⟶ 複数形は -er 型で
　　　　　　　　　　　　　　　　Kinder（子供たち）
　　↓
中性名詞　　単数 2 格は Kind**es** または Kind**s**

男性名詞で単数 2 格と複数 1 格が -en/-en, -n/-n, -n/-en と辞書にあれば、それは男性弱変化名詞（→補足文法 11、80 頁）である。Mensch, Polizist など。

ことわざ Die Wände haben Ohren. 壁に耳あり。

Übung 2

027
CD1・27

1 語尾を入れて、全文を和訳しなさい(不要なときは△をつける)。

1. Wien ist **die** Stadt d___ Musik. 「AはBである」の文でAを主語、Bを述語という。述語は1格。

2. Hast du Geschwister? — Ja, ich habe **ein**___ Bruder und drei Schwestern.
   └無語尾型   └ーn型

3. Sie kauft **ein**___ Rock, **ein**___ Bluse und **ein**___ Hemd.

4. **Der** Kellner bringt d___ Gast **ein**___ Gabel und **ein**___ Messer.

5. Ich kenne d___ Eltern d___ Kindes.

028
CD1・28

2 ドイツ語にしなさい。

1. その女性は ある男性を 愛しています。彼女は その男性に そのかばんを 贈ります。

   _____

   🖐 女性:Frau *f* / 男性:Mann *m* / 愛する:lieben(2番目) / かばん:Tasche *f*(文末) / 贈る:schenken(2番目)

2. その男性の 自動車は 新しいです。　　　ポイント：2格は修飾する名詞 (das Auto) の後に置く！

   _____

   🖐 自動車：Auto *n*（文頭、定冠詞をつける） / 新しい：neu［ノイ］ / …である：sein

チャレンジ問題 この課に出てきた単語を使ってみよう！

その子供たちはその先生に花(複数形、無冠詞)を持っていきます。

_____

Tipp!	単数2格語尾と複数3格語尾

① 男性名詞の大部分と中性名詞は、単数2格で -s または -es がつく。-s がつくか -es がつくかは名詞の性に関係なく、2音節以上の名詞には -s、1音節の名詞には -es をつけるのがふつう。

1格	der	Onkel	der	Hund
2格	des	Onkel**s**	des	Hund**es**
	デス	オンケルス	デス	フンデス

-s か-es かは辞書で調べることができる。15頁の辞書の引き方参照。

des 2音節以上 s　　des 1音節 es

② 複数3格で -n をつける。

1格	die	Kinder
3格	den	Kinder**n**
	デン	キンダーン

den 複数形 n

ただし

1格	die	Frauen	die	Autos
3格	den	Frauen△	den	Autos△

答 I) Studentinnen　2) Museen

動詞の現在人称変化（２）

> **Sprichst du Englisch?**
> 君は英語を 話す の？
>
> **—Ja, ich spreche Englisch und auch Deutsch.**
> アオホ
> —うん、私は英語そしてドイツ語も 話す。

1 動詞の現在人称変化（２）

du, er/sie/es（３人称単数）のところで幹母音（語幹の母音）を変える動詞がある。

幹母音	du, er/sie/es	
① **a** [ア(ー)] ⟶	**ä** [エ(ー)]	f**a**hren, schl**a**fen など
② **e** [エ]（短音）⟶	**i** [イ]（短音）	spr**e**chen, **e**ssen, h**e**lfen など
③ **e** [エー]（長音）⟶	**ie** [イー]（長音）	s**e**hen, l**e**sen など

			① a → ä	② e → i	③ e → ie	
			fahren 行く	**sprechen** 話す	**sehen** 見る	**lesen** 読む
1	ich	**-e**	fahre	spreche	sehe	lese
2	du	**-st**	f**ä**hrst	spr**i**chst	s**ie**hst	l**ie**st
3	er/sie/es	**-t**	f**ä**hrt	spr**i**cht	s**ie**ht	l**ie**st
1	wir	**-en**	fahren	sprechen	sehen	lesen
2	ihr	**-t**	fahrt	sprecht	seht	lest
3	sie/Sie	**-en**	fahren	sprechen	sehen	lesen

複数は規則的

Der Zug **fährt** nach München.   fahren
—————————3人称単数

Lena **spricht** gut Japanisch.   sprechen

Liest du gern? – Ja, ich **lese** gern.   lesen
        gern 好んで、喜んで、～するのが好き

2　特に注意すべき動詞

	geben 与える	nehmen 取る	werden なる	wissen 知っている	mögen 好きだ	
ich	gebe	nehme	werde	weiß △	mag △	同形
du	gibst ギープスト	nimmst	wirst	weißt	magst	
er/sie/es	gibt ギープト	nimmt	wird △	weiß △	mag △	
wir	geben	nehmen	werden	wissen	mögen	複数は規則的
ihr	gebt	nehmt	werdet	wisst	mögt	
sie/Sie	geben	nehmen	werden	wissen	mögen	

Sie **wird** bald Mutter[1].　　　　　　　　　　　　　　　　　　werden

Kommt Herr Baumann heute? **Weißt** du das[4]?　das　そのことを　　wissen

– Nein, ich **weiß** es nicht.　　　　　　　　　es　それを

Ich **mag** Fleisch[4]. Und was **isst** du gern?　　　　　　　　　mögen / essen

Es **gibt** morgen einen Test[4].　　　　重要熟語：es gibt + 4 格　　geben

---

辞書の引き方！

fährt, spricht や liest の意味を調べようとして、その不定形を見つけられない場合。

① fährt, spricht, liest のまま引いてみる→不定形を指示してある。（← fahren, ← sprechen, ← lesen）

② 教科書や辞書の巻末にある「不規則動詞変化表」(83 頁参照)を調べてみる。

数詞　　1 の位が 1 〜 9 の 2 桁の数は
「1 の位 und 10 の位」と 1 の位から読む

20	zwanzig [ツヴァンツィヒ]	30	dreißig [ドライスィヒ] z のかわりに ß	70	siebzig [ズィープツィヒ]
21	einundzwanzig　1 と 20	40	vierzig [フィアツィヒ]	80	achtzig [アハツィヒ]
22	zweiundzwanzig　2 と 20	50	fünfzig [フュンフツィヒ]	90	neunzig [ノインツィヒ]
23	dreiundzwanzig　3 と 20	60	sechzig [ゼヒツィヒ]	100	[ein]hundert [フンダート]

Übung 3

1 下線部の不定形を書き、また全文を和訳しなさい。

1. K: Lena, sprichst du Englisch?

   L: Ja, ich spreche Englisch und Japanisch.

   K: Sprichst du auch Japanisch? Dann sprechen wir Japanisch! ——「～しようよ！」

   L: Nein, Kenji, du lernst jetzt Deutsch, nicht? Sprechen wir immer Deutsch!
   ——「～でしょう？」「～じゃない？」

2. K: Lena, was machst du gern?

   L: Ich sehe oft Filme. ——e 型の複数形

   K: Siehst du DVDs? ——s 型の複数形

   L: Ja, ich sehe gern Actionfilme.

2 動詞を適切に変化させて下線部に入れ、全文を和訳しなさい。

1. _____ du ein Taxi? —Nein, ich _____ den Bus. **nehmen**

2. Die Studentin hat bald Geburtstag. Sie_____ neunzehn Jahre alt. **werden**
   ——e 型の複数形

3. _____ du im Sommer nach Deutschland? ▶ im Sommer 夏に **fahren**

   — Nein, aber der Lehrer _____ nach Berlin.

4. In Japan _____ es vier Jahreszeiten. **geben**
   ——en 型の複数形

3 ドイツ語にしなさい。

1. 私はドイツ語を 話します。で、君は？ 君もドイツ語を 話すの？

   _____

   🐁 話す：sprechen（疑問文では文頭）/ ドイツ語：Deutsch / で、君は？：Und du? / 君も：du auch

2. 何を君は晩に 食べるの？ —今日 私はサラダとソーセージを 食べます。

   _____

   🐁 何：was［ヴァス］（文頭）/ 晩に：am Abend［アーベント］/ 食べる：essen（動詞の位置に注意）/
   今日：heute（文頭）/ サラダとソーセージ：Salat［ザラート］und Wurst［ヴルスト］（無冠詞）

チャレンジ問題 この課に出てきた単語を使ってみよう！

彼は明日(morgen)ミュンヘンへ行くのですか？

_____

🐁 「時—方法—場所」という状況語の配列規則（77 頁）により「明日」—「ミュンヘンへ」

Wie heißen Sie?

Ich heiße Norihiko Kimura.
Ich bin Student.
Ich wohne in Tokyo.

Ich lerne Deutsch.[1]
Ich studiere Jura.[2]
Ich habe Zeit.

1 Englisch / Französisch / Spanisch / Japanisch / Italienisch / Chinesisch / Russisch / Koreanisch

2 Literatur / Geschichte / Medizin / Wirtschaft / Informatik / Mathematik / Physik / Chemie / Wohlfahrt / Pharmazie

Wie heißen Sie? —Ich heiße Terumi Araki.

Wo wohnen Sie? —Ich wohne in Berlin.

Woher kommen Sie? —Ich komme aus Sapporo.

Was studieren Sie? —Ich studiere Musik.

Haben Sie einen Führerschein? [3] —Ja, ich habe einen Führerschein.

Sind Sie müde? [4] —Nein, ich bin nicht müde.

3 (keinen) Hunger / (keinen) Durst / (kein) Geld / einen Pass / einen Freund / eine Freundin / (keine) Geschwister / (keine) Zeit

4 schläfrig / heiter / nervös / krank / gesund / aktiv / passiv / launisch / böse / romantisch / egoistisch

人称代名詞・冠詞類

Mein Vater¹ und meine Tochter¹ haben bald Geburtstag.
私の父 と 私の娘は まもなく誕生日です。

Ich schenke meinem Vater³ dieses Buch⁴ und meiner Tochter³ diese Tasche⁴.
私は 私の父に この本を そして 私の娘に このかばんを 贈ります。　schenken ~³に~⁴を贈る

1 人称代名詞の3格・4格

		1人称	2人称		3人称		
					m	*f*	*n*
単数	1	ich	du	Sie	er	sie	es
	3	mir	dir	Ihnen	ihm	ihr	ihm
	4	mich	dich	Sie	ihn	sie	es
複数	1	wir	ihr	Sie		sie	
	3	uns	euch	Ihnen		ihnen	
	4	uns	euch	Sie		sie	

Ich liebe **dich⁴**, aber du liebst **mich⁴** nicht.　lieben ～⁴を愛する
　　　　君を　　　　　　　私を

英語の *I - my - me, you - your - you, he - his - him, she - her - her* の my, your, his, her にあたる所有冠詞は **3** 不定冠詞類(22頁)を参照。

Ich gratuliere **ihr³**. Heute ist **ihr** Geburtstag.
　　　　　彼女に　　　　　彼女の

3人称の人称代名詞は人だけでなく事物を表す**男性 *m*・女性 *f*・中性 *n*・複数名詞 *pl***をも受ける。したがって、er, sie は「彼」「彼女」と訳すとは限らない。「それ」と訳す場合もある。

　　　　m
Wo ist der Student? – Er¹ ist dort.　　　　　　　　　er (3単)
　　　　彼は

　　　　m
Wo ist der Kuli? – Er¹ ist dort.　Kuli (ボールペン) は男性名詞　er (3単)
　　　　それは

　f
Die Uhr ist teuer. Ich kaufe sie⁴ nicht.　Uhr (時計) は女性名詞　sie (3単)の4格
　　　　　　　　それを

Wie ist das Buch? – Es[1] ist sehr interessant. n Buch（本）は中性名詞　　　es

Wie sind die Bücher? – Sie[1] sind langweilig. pl Bücher（本）は複数名詞　　sie（3複）の1格
それらは

2 定冠詞類

定冠詞	定冠詞類
d-er	dies-er この〜　　jed-er どの〜も、毎〜（単数のみ）　　welch-er どの〜？ all-er すべての〜　　solch-er そのような〜

定冠詞類は定冠詞に準じた語尾をつける。強変化（格表示）語尾といわれる。

が／は・の・に・を

	m この犬	*f* この女性	*n* この子供	*pl* この子供たち
1	dieser Hund	diese Frau	dieses Kind	diese Kinder
2	dieses Hund**es**	dieser Frau	dieses Kind**es**	dieser Kinder
3	diesem Hund	dieser Frau	diesem Kind	diesen Kinder**n**
4	diesen Hund	diese Frau	dieses Kind	diese Kinder

Welche Uhr[4] kaufen Sie? – Ich kaufe diese Uhr[4].　　kaufen 〜[4]を買う　　welcher / dieser
どの時計を　　　　　　　　　　この時計を

辞書では、dieser, welcher のように、男性1格の形で調べる。

3 不定冠詞類

不定冠詞	不定冠詞類
ein-□	所有冠詞 mein-□ 私の〜　　dein-□ 君の〜　　sein-□ 彼の〜　　ihr-□ 彼女の〜　　sein-□ その〜 Ihr-□ あなた（方）の〜 unser-□ 私たちの〜　　euer-□ 君たちの〜　　　　ihr-□ 彼ら、彼女ら、それらの〜 否定冠詞 kein-□ （1つも）〜ない

クイズ　Welche Farbe hat die Flagge Deutschlands?

不定冠詞類は不定冠詞に準じた語尾をつける。

が／は・の・に・を

	m 私の先生		f 私の娘		n 私の家		pl 私の子供たち	
1	mein△	Lehrer	meine	Tochter	mein△	Haus	meine	Kinder
2	meines	Lehrer**s**	meiner	Tochter	meines	Haus**es**	meiner	Kinder
3	meinem	Lehrer	meiner	Tochter	meinem	Haus	meinen	Kinder**n**
4	meinen	Lehrer	meine	Tochter	mein△	Haus	meine	Kinder

定冠詞類との違いは△印の 3 か所 (m1, n1, n4) に格語尾がないこと。

Ist **Ihr** Mann[1] Amerikaner? – Nein, **mein** Mann[1] ist Österreicher.　　　Ihr / mein
　　　あなたの夫は　　　　　　　　　　私の夫は

Der Garten **meines** Hauses[2] ist nicht so groß.　　　　　　　　　　mein
　　　　　私の家の

Er schickt **seinem** Lehrer[3] eine Ansichtskarte.　　schicken 〜[3]に〜[4]を送る　　sein
　　　　彼の先生に

Haben Sie Kinder? – Nein, ich habe **keine** Kinder[4].　haben 〜[4]を持っている　否定冠詞 kein
　　　　　子供がいません（子供たちを持っていない）。

4 疑問詞

042
CD1・42

❶ 疑問代名詞

	誰	何	参考	
1	wer	was	der	das
2	wessen	-	des	des
3	wem	-	dem	dem
4	wen	was	den	das

❷ 疑問副詞

wann	いつ
warum	なぜ
wie	どんな、どのように
wo	どこに、どこで
wohin	どこへ
woher	どこから

Wer[1] wohnt dort?　　　　　— Mein Freund[1] wohnt dort.　　wohnen 場所 に住んでいる

Wem[3] gehört dieser Kuli?　— Er gehört meinem Bruder[3].　gehören 〜[3]のものである

Wen[4] sucht sie?　　　　　— Sie sucht ihre Kinder[4].　　suchen 〜[4]を探す

Wie findest du das Buch[4]?　— Es ist sehr interessant.　　finden 〜[4]を…だと思う

答 Schwarz, Rot und Gold

Übung 4

♪ 043 CD1·43

1 適当に人称代名詞を格変化させ、下線部に入れなさい。また全文を和訳しなさい。

1. Die Frau liebt den Mann⁴ sehr. Sie schenkt _____ eine Krawatte⁴.　　`er`

2. Der Mann kauft der Frau³ die Tasche⁴ und gibt sie⁴ _____.　　`sie（彼女）`

   ▶ 3格・4格の語順：4格の人称代名詞の方が常に前（77頁参照）。

3. Ich danke _____ herzlich.　　`Sie`

4. Verstehen Sie mich? – Ja, ich verstehe _____.　　`Sie`

♪ 044 CD1·44

2 適当な格語尾を選び、下線部に入れなさい。また全文を和訳しなさい。

1. Ich trinke dies_____ Wein.

2. Jed_____ Student kennt den Inhalt dies_____ Buches.

3. Sie sucht solch_____ Schuhe.
   └── e型の複数形

	m	*f*	*n*	*pl*
1	-er	-e	-es	-e
2	-es	-er	-es	-er
3	-em	-er	-em	-en
4	-en	-e	-es	-e

♪ 045 CD1·45

3 適当な格語尾を選び、下線部に入れなさい(不要なときは△をつける)。また全文を和訳しなさい。

1. Sie hat ein Auto. Ich habe noch kein_____ Führerschein.
   フューラーシャイン

2. Das Haus mein_____ Freundes ist sehr groß.

3. Dort ist sein_____ Haus.

	m	*f*	*n*	*pl*
1	-△	-e	-△	-e
2	-es	-er	-es	-er
3	-em	-er	-em	-en
4	-en	-e	-△	-e

♪ 046 CD1·46

4 ドイツ語にしなさい。

1. 私は 私の妻を 愛している。君は 君の妻を 愛しているか？ 彼は 彼の子供たちを 愛している。
   彼女は 彼女の夫を 愛している。

   _____

   _____

   ☞ 妻：Frau *f* / 愛する：lieben（動詞の位置に注意）/ 子供たち：Kind の複数形 / 夫：Mann *m*

2. どのボールペンを (文頭)あなたは あなたの夫に プレゼントするのですか？

   ―私は 彼に このボールペンを 買います。 このボールペンは とてもいいです。

   _____

   _____

   ☞ どの〜：welch■ / ボールペン：Kugelschreiber [クーゲルシュライバー] *m* / プレゼントする：schenken（動詞の位置に注意）/ 買う：kaufen / とてもいい：sehr gut / …である：sein

チャレンジ問題 この課に出てきた単語を使ってみよう！

君はボールペンを(不定冠詞をつけて)持っていますか？ ―いいえ、私はボールペンは持っていません。

_____

クイズ 毎年９月中旬にミュンヘン市で行われる世界一のビール祭りは？

♪ 047
CD1·47

Familie

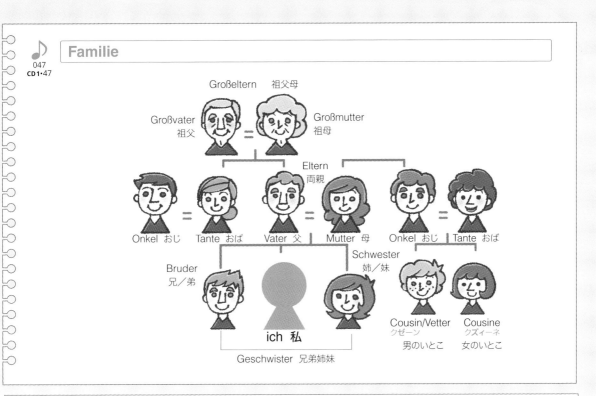

Großeltern　祖父母

Großvater
祖父

Großmutter
祖母

Eltern
両親

Onkel　おじ　Tante　おば　Vater　父　Mutter　母　Onkel　おじ　Tante　おば

Bruder
兄／弟

Schwester
姉／妹

ich　私

Cousin/Vetter
クゼーン
男のいとこ

Cousine
クズィーネ
女のいとこ

Geschwister　兄弟姉妹

♪ 048
CD1·48

月・季節

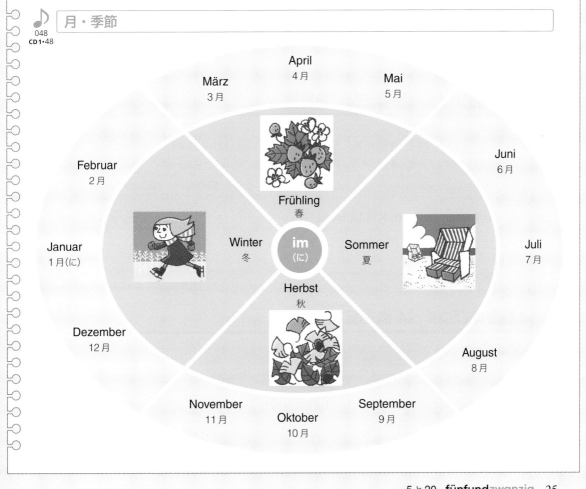

April
4月

März
3月

Mai
5月

Februar
2月

Juni
6月

Januar
1月(に)

Frühling
春

Winter
冬

im
(に)

Sommer
夏

Juli
7月

Herbst
秋

Dezember
12月

August
8月

November
11月

Oktober
10月

September
9月

答 Oktoberfest（オクトーバーフェスト）

前置詞

049
CD1·49

Mein Vater liest jetzt in der Bibliothek³.
私の父は今 図書館で 本を読んでいます。

Ich gehe auch mit meinem Bruder³ in die Bibliothek⁴.
私も 弟と 図書館へ 行きます。

前置詞は名詞、代名詞の前に置かれ、名詞、代名詞の一定の格（2格、3格、4格、3・4格）と結びつく（格支配）。前置詞には次の4種類がある。

050
CD1·50

1 2格と結びつく（2格支配）前置詞

statt⁺² 〜の代わりに　　　　　trotz⁺² 〜にもかかわらず
wegen⁺² 〜のために（原因・理由）　während⁺² 〜の間じゅう　　など

Statt der Mutter² kocht der Vater.
母 の代わりに

die Mutter

2 3格と結びつく（3格支配）前置詞

051
CD1·51

aus⁺³ 〜［の中］から　bei⁺³ （事柄）の際に、（人）のもとで　mit⁺³ （人）といっしょに、（手段）で
nach⁺³ 〜の後で、（中性の地名、家）へ、〜によれば　　　　　seit⁺³ 〜以来、〜前から
von⁺³ 〜から、〜の、〜について　　　　　　　　　　　　　zu⁺³ （人、施設）へ　　など

Holst du mir Butter aus dem Kühlschrank³?
冷蔵庫 から

der Kühlschrank

Ich tanze mit ihr³.
彼女 と

sie （彼女）

3 4格と結びつく（4格支配）前置詞

052
CD1·52

durch⁺⁴ 〜を通って　　　　　ohne⁺⁴ 〜なしで
für⁺⁴ 〜のために、〜にとって　um⁺⁴ 〜のまわりに、〜（時）に　　など

Haben Sie etwas Zeit für mich⁴?　　–Ja, natürlich.
私 のための　　　　　　　　　　　　　ナテューァリヒ

ich

053
CD1·53

4 3格または4格と結びつく（3・4格支配）前置詞

		3／4
an+3/4	～のそば	に、で／へ
auf+3/4	～の上	に、で／へ
hinter+3/4	～の後ろ	に、で／へ
in+3/4	～の中	に、で／へ
neben+3/4	～の横	に、で／へ
über+3/4	～の上方	に、で／へ
unter+3/4	～の下	に、で／へ
vor+3/4	～の前	に、で／へ
zwischen+3/4	～（と…と）の間	に、で／へ

この9つの前置詞は「場所」と「方向」の2つの意味を示すことができる。

3格（非移動）

所在の場所「…に」及び 動作の行われる場所
（出来事が一つの空間の内部で起こる場合）「…で」

stehen
Ein Mädchen steht **an der** See³.

海辺 に

4格（移動）

移動の方向「…へ」

gehen
Fritz geht auch **an die** See⁴.

海辺 へ

1	die See
2	der See
3	der See
4	die See

arbeiten
Mein Vater arbeitet **in dem** Garten³.

その庭（の中）で

gehen
Die Kinder gehen **in den** Garten⁴.

その庭（の中）へ

1	der Garten
2	des Gartens
3	dem Garten
4	den Garten

5 特定の前置詞と結びつく動詞

auf+4 warten Wir warten **auf** ihn.
〜を待つ　　　　　　　彼を 待つ。

an+4 denken Er denkt **an** seine Kindheit.
〜を思い出す　　　　　自分の少年時代を 思い出す。

6 前置詞と定冠詞の融合形

いくつかの前置詞は定冠詞 (1 dem³, 2 der³, 3 das⁴) と融合して、短縮形をつくる。「その…」「例の…」と特に強く指示する必要のない名詞の場合に、融合する。

1 dem と	in dem → **im**	an dem → **am**	zu dem → **zum**
	von dem → **vom**	bei dem → **beim**	
2 der と	zu der → **zur**		
3 das と	in das → **ins**	an das → **ans**	など

Die Kinder spielen **im** Park.　　　　　　　　　　in dem Park

Heute gehe ich **ins** Kino.　ins Kino gehen 映画を見にいく　in das Kino

Wie komme ich **zur** Post?　　　　　　　　　　　zu der Post

法(正義)の女神ユスティーツィア
(フランクフルト)

Das Schwert ohne die Waage ist die nackte Gewalt,
die Waage ohne das Schwert die Ohnmacht des Rechts.

(Rudolf von Jhering)

秤なき剣はむき出しの暴力、剣なき秤は法の無力。(ルードルフ・フォン・イェーリング)

辞書の引き方!

mit 前 《3 格支配》〜と、〜と一緒に

前置詞　　3 格と結びつく

例 父と一緒に

	1	der Vater
	2	des Vaters
mit	3	dem Vater
	4	den Vater

Übung 5

♪ 056 CD1·56

1 与えられた語を適切に格変化させなさい。また全文を和訳しなさい。

1. Wegen _____ bleibe ich zu Hause.　　　　　der Regen

2. Seit _____ lernen wir Deutsch.　　　　　ein Jahr

3. Ein Leben ohne _____ ist undenkbar.　　　　　du

4. Kommst du morgen mit _____ zu _____?　　sie (彼ら) / ich

5. Die Katze schläft unter _____. 非移動　der Tisch

　　Der Kater geht auch unter _____. 　移動

♪ 057 CD1·57

2 下線部に前置詞を右から選んで入れなさい。また全文を和訳しなさい。

1. Ich warte _____ den Bus.　　　　　　　　　mit

2. Wir diskutieren _____ das Problem.　　　　auf

3. Er denkt oft _____ seine Großmutter.　　　　an

4. Ich bin _____ meinem Auto zufrieden.　　　über

♪ 058 CD1·58

3 ドイツ語にしなさい。

1. 毎朝 彼は バスで 大学へ 行く。

_____

　　毎朝 : jeden Morgen [イェーデン モルゲン]（文頭）4 格副詞（㊩ every morning）/ ～で : mit / バス : Bus m（定冠詞をつけて格変化）/ 大学へ : zu + Uni f（定冠詞をつけて格変化→前置詞 zu との融合形、文末）「時―方法―場所」という状況語の配列規則（77 頁参照）により「バスで」―「大学へ」の順　行く : fahren（人称変化に注意）

2. どこに 私のメガネは あるんですか？―それは その机の上に(文末)あります。

_____

　　どこに : wo [ヴォー]（文頭）/ メガネ : Brille [ブリレ] f / ある : liegen [リーゲン]（動詞の位置に注意）/ それ : もとの名詞の性に注意 / 机 : Tisch [ティッシュ] m（格変化）

チャレンジ問題　この課に出てきた単語を使ってみよう！

彼女は 彼女の (ihr) 子供たちと 公園へ行きます。

_____

Lektion **6** sechs

定形の位置
主語が定まった動詞の形

059
CD1·59

Hast du heute Zeit?　–Nein, aber morgen habe ich Zeit.
今日 暇ですか？　　　　　　　　　　いや、でも明日は 暇です。

1 定形第 2 位

平叙文（事柄をそのまま述べる文）、疑問詞のある疑問文では定形は第 2 位に置かれる（定形第 2 位の原則 11 頁 3 参照）。

060
CD1·60

2 並列の接続詞

aber しかし　**und** そして　**oder** あるいは　**denn** というのは…だから　**sondern** そうではなくて など
アーバー　　オーダー　　　　　ゾンダーン └──訂正の接続詞

これらが文頭にきても、定形の位置に影響を及ぼさない。

	0	1	2	3
Ich liebe sie,	aber	sie	**liebt**	mich nicht.
Heute fahren wir nach Wien	und	morgen	**gehen**	wir in die Oper.
Ich gehe zu Bett,	denn	ich	**bin**	müde.

061
CD1·61

3 定形第 1 位

疑問詞のない疑問文、命令文では定形は第 1 位に置かれる。

0	1	2	3	
	Fahren	Sie	nach München!	fahren
	Fahren	Sie	nach München?	
Ja,	ich	**fahre**	nach München.	
Nein,	ich	**fahre**	nicht nach München.	

定形の位置のまとめ

定形第 2 位の原則 ↓

定形の位置は 1 番目、2 番目、文末のいずれかに決まっている。

	1	2			文末
主文	■				?!
		■			
副文	■				■

Tipp! ウソだ！（und, sondern, oder, denn, aber）は 0 の位置。

4 命令文

相手に対して命令や依頼をするときに用いる。相手（du, ihr, Sie）によって 3 種類の形がある。

① du （君）に対して 　　語幹！ 　　**主語は言わない。**

Komm sofort! 　君、すぐ来なさい！ 　　　　　　　　　　　　　　kommen

du の現在人称変化で、幹母音 e が i/ie に変わる動詞は同様に変化する。

Sprich Deutsch! 　君、ドイツ語を話して！ 　参考 du sprichst 　　　sprechen

② ihr （君たち）に対して 　語幹＋t！ （現在人称変化と同じ形） 　**主語は言わない。**

Sprecht Deutsch! 　君たち、ドイツ語を話して！ 　参考 ihr sprecht 　sprechen

③ Sie （あなた）に対して 　語幹 ＋ en Sie！ （疑問文と同じ形） 　**主語を必ず言う。**

Sprechen Sie Deutsch! 　ドイツ語を話してください！ 　　　　　　　sprechen

		kommen	sprechen	sein
① du に対して	−!	Komm!	Sprich!	Sei ... !
② ihr に対して	−t!	Kommt!	Sprecht!	Seid ... !
③ Sie に対して	−en Sie!	Kommen Sie!	Sprechen Sie!	Seien Sie ... !

▶ du に対する命令形は語幹＋ e となる場合もある。Komme sofort!

▶ sein の Sie に対する命令形は現在人称変化と異なる。

5 副文

副文〔❶従属の接続詞に導かれた文、❷間接疑問文、❸関係文（60 頁参照）〕では定形は文末に置かれる。

❶ 従属の接続詞

als …したとき	dass …ということ、…（である）と	ob …かどうか
obwohl …だけれども	weil …なので	wenn …ならば、…するとき　　など

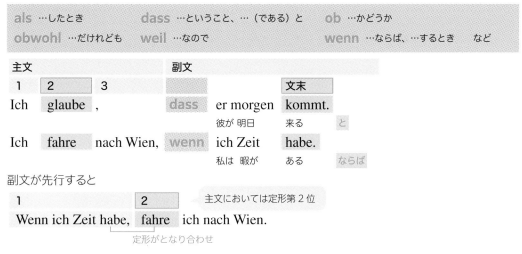

副文が先行すると

主文においては定形第 2 位

Wenn ich Zeit habe, fahre ich nach Wien.
定形がとなり合わせ

❷ 間接疑問文

主文			副文		
1	2	3		文末	
Wir	wissen	nicht,	wo	wohnt.	

Wir wissen nicht, wo sie jetzt wohnt. 　参考 Wo wohnt sie jetzt?
どこに 彼女が いま 住んでいるのか

Übung 6

♪ **1** 不定形を命令形にして下線部に入れ、全文を和訳しなさい。

064
CD1·64

1. _____ mal das Bild!　　　　　du（君）に対して　　　　sehen

2. _____ ins Bett!　　　　　　ihr（君たち）に対して　　　gehen

♪ **2** 2つの文を従属の接続詞でつないで1つの文にしなさい（後の文を副文にする）。全文を和訳しなさい。

065
CD1·65

1. Wir wissen. Fritz spricht jetzt gut Japanisch.　　　　dass

2. Sie kommt heute nicht. Sie ist krank.　　　　　　weil

♪ **3** ドイツ語にしなさい。

066
CD1·66

1. 私たちは急いでいる(Wir haben Eile.)。はやくしてちょうだい(du に対する命令形に)！

_____

　　　参考 Sie を使った形　Bitte machen Sie schnell!

2. 彼は今日来ない、というのは 彼は時間がない(時間を持っていない)から だ。

_____

　　　今日：heute ／ 来る：kommen ／ ～ない：否定詞 nicht（文末）／ というのは…だから：denn ／ 時間、ひま：Zeit *f*⁴
　　　（この Zeit に否定冠詞の kein をかぶせる）／ 持っている：haben　定形の位置に注意！　denn は 0 の位置

　チャレンジ問題　これまでに教科書に出てきた単語を使ってみよう！

明日天気 (Wetter) がよければ、私たちはテニスをします。

_____

♪ 067
CD1·67

数詞

53 + 14 = _____ und _____ **plus** _____ ist _____ und _____ .

25 - 12 = _____ und _____ **minus** _____ ist _____ .

4 · 8 = _____ mal _____ **ist** _____ und _____ .

72 : 9 = _____ und _____ **durch** _____ ist _____ .

7² = _____ hoch _____ **ist** _____ und _____ .

Begrüßung

Guten Morgen!

Guten Tag!

Guten Abend!

Gute Nacht!

Danke schön.
– Bitte schön.

Wie geht es Ihnen?
– Danke, gut! Und Ihnen?
– Es geht mir auch gut.

Auf Wiedersehen!

069
CD1·69

方角	
im Norden	北に
Süden	南
Osten	東
Westen	西

070
CD1·70

曜日		
(am) Montag	月曜日（に）	
Dienstag	火曜日	
Mittwoch	水曜日	
Donnerstag	木曜日	
Freitag	金曜日	
Samstag	土曜日 ┐	Wochenende 週末
Sonntag	日曜日 ┘	

A In Deutschland <u>spricht</u> man Deutsch. Aber auch in Österreich, Liechtenstein, Luxemburg und in der Schweiz spricht man <u>diese Sprache</u>.

man 「人は」「人々は」という意味であるが、日本語では man を訳出せずに受身に訳したりすることがある。
in der Schweiz　スイスで

1. spricht の不定形を述べなさい。

2. diese Sprache とはここでは何を意味するか、ドイツ語一語で答えなさい。

B Wir kommen aus Deutschland. Kennen Sie Deutschland? Wir sind jetzt in Japan. Wir wohnen in Tokyo. Wir studieren Japanologie. Wir lernen viel Japanisch. Wir sprechen gern Japanisch und lesen gern japanische Literatur. Wir essen oft japanisch. Und Sie? Woher kommen Sie? Wo wohnen Sie? Was machen Sie gern? Lernen Sie Deutsch? Lesen Sie deutsche Literatur? Sehen Sie gern deutsche Filme? Essen Sie gern deutsch? Trinken Sie gern Bier oder Wein? Sprechen Sie Deutsch? Fahren Sie nach Europa, wenn Sie Ferien haben?

Japanologie 日本学　viel たくさん　japanisch 日本の　japanisch essen 日本料理を食べる
deutsch ドイツの　deutsch essen ドイツ料理を食べる

1. 動詞に下線を引きなさい。

2. 主語 wir を ich に、Sie を du に変え、文を作りなさい。

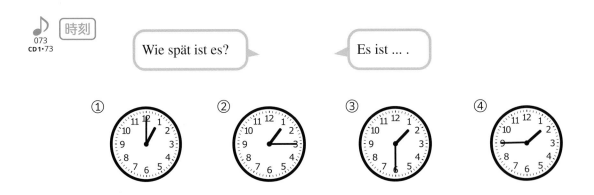

	＜24時間制＞テレビ・ラジオ・駅など公式な場で使用		表　記	＜12時間制＞日常会話で使用	
①	13時00分	dreizehn Uhr	**13.00 Uhr**	1時	ein Uhr / eins
②	13時15分	dreizehn Uhr fünfzehn	**13.15 Uhr**	1時15分	**Viertel** nach eins
③	13時30分	dreizehn Uhr dreißig	**13.30 Uhr**	1時30分	**halb** zwei
④	13時45分	dreizehn Uhr fünfundvierzig	**13.45 Uhr**	1時45分	**Viertel** vor zwei
	14時00分	vierzehn Uhr	**14.00 Uhr**	2時	zwei Uhr / zwei

▶ halb ...　～時半（…時に向かって半分）/ Viertel　15分（4分の1）/ ... nach ～　～時…分すぎ　/ ... vor ～　～時…分前

Lektion 7 sieben

話法の助動詞

話し手の判断や評価などを表す助動詞

074
CD1・74

Kann man hier parken?

man 不特定の人を表し、「人は」「人々は」という意味だが、訳さないことが多い。文法上は3人称単数。

ここに車を停めること ができますか？

— **Nein, hier darf man nicht parken. Dort kann man parken. Sie müssen sofort wegfahren.**

いいえ、ここには車を停めては いけません。あそこなら 車を停めること ができます。

あなたはすぐに 走り去ら なければなりません。

075
CD1・75

1 話法の助動詞の人称変化

	dürfen	können	müssen	sollen	wollen	möchte
	してもよい（肯定で）	することができる	しなければならない	すべきである	するつもりだ	したい
ich	darf △	kann △	muss △	soll △	will △	möchte △
du	darfst	kannst	musst	sollst	willst	möchtest
er/sie/es	darf △	kann △	muss △	soll △	will △	möchte △
wir	dürfen	können	müssen	sollen	wollen	möchten
ihr	dürft	könnt	müsst	sollt	wollt	möchtet
sie/Sie	dürfen	können	müssen	sollen	wollen	möchten
過去基本形	durfte	konnte	musste	sollte	wollte	(wollte)

複数は規則的

1	2	3	文末
	話法の助動詞（定形）		本動詞（不定形）
Er	kann	sehr gut Deutsch	sprechen.
Was	möchten	Sie	trinken?

076
CD1・76

2 用法

否定文で禁止を表す

Hier **darf** man <u>nicht</u> rauchen. Nur in den Raucherzonen **kann** man rauchen.

たばこを吸っては いけない　　　　　　　　　　たばこを吸うこと ができる　　**dürfen / können**

Ich **muss** morgen um sechs Uhr aufstehen. – **Soll** ich dich wecken?　　**müssen / sollen**

起き なければならない　　　　　　　起こ しましょう か（英 Shall I）

主語以外の意志（ここでは相手の意志）

Ich **will** nächstes Jahr nach Deutschland fahren.
行く つもりです

wollen

Möchtest du etwas essen?
食べ たいです か

möchte

3 話法の助動詞の独立用法

Ich **muss** nach Hause.
⤴ 方向を表す語句と

müssen

Er **kann** ein wenig Deutsch[4].　ein wenig 英 *a little*
アイン ヴェーニヒ

本動詞として **können**（…[4]ができる）

Ich **möchte** eine Tasse Kaffee[4].　ein Tasse 英 *a cup of*

本動詞として **möchte**（…[4]がほしい）

4 副文中の話法の助動詞

Sie **kann** nicht kommen, weil sie noch arbeiten **muss**.
彼女は まだ 働か　　　 なければならない ので

können / müssen

▶ 副文では、定形が文末に置かれるので、話法の助動詞が文末になる

Dialog

Im Hotel einchecken　　　　S: Sato　E: Empfang

E: Guten Abend. **Kann** ich Ihnen helfen?

S: Guten Abend. Ich **möchte** einchecken. Mein Name ist Sato, Kenji Sato.
Hier ist die Bestätigung.

E: Einen Moment bitte. Ja, Herr Sato. Da ist es.
Zimmernummer 236 (zweihundertsechsunddreißig).

S: Ab wann **kann** man frühstücken?

E: Die Frühstückszeit ist von 7 bis 10 Uhr.

S: Wie ist das Passwort für das WLAN?

E: Das Passwort finden Sie in Ihrem Zimmer.

S: Bis wann **muss** man auschecken?

E: Bis 11 Uhr, bitte. Hier ist Ihr Schlüssel.

> Kann ich Ihnen[3] helfen?（英 *Can I help you?*）
> einchecken（英 *check in*）
> ⇔ auschecken（英 *check out*）
> die Frühstückszeit: Frühstück+s+Zeit
> WLAN: WiFi（無線 LAN）

♪ **1** 与えられた助動詞を用いて書き換えなさい。また書き換えた文を和訳しなさい。

080
CD1·80

1. Sie studiert seit zwei Jahren in Wien Musik⁴.　　　　　　　　wollen

   Sie _____ zwei Jahre in Wien Musik⁴ _____.

2. Du trinkst keinen Kaffee.　　　　　　　　　　　　　　　dürfen

   Du _____ keinen Kaffee _____.

3. Ihr lernt fleißig Deutsch.　　　　　　　　　　　　　　müssen

   Ihr _____ fleißig Deutsch _____.

4. Spricht er etwas Englisch?　　　etwas = ein wenig　　　können

   _____ er etwas Englisch _____?

♪ **2** 音声を聞いて、下線部に話法の助動詞を入れ、全文を和訳しなさい。

081
CD1·81

Ich studiere Jura und bin 19 (neunzehn) Jahre alt. Das ist mein Freund Peter Schmidt. Er kommt aus Berlin. Er studiert mit mir an der Uni in Tokyo. Nach dem Studium _____ er in Japan arbeiten. Er lernt seit 4 (vier) Jahren Japanisch und _____ gut Japanisch sprechen. Wir _____ in den Winterferien eine Reise nach Hokkaido machen. Aber heute _____ ich viel lernen, denn ich habe noch Prüfungen.
　　　　　　　　　　　　　　　　　　　└──── 0 の位置の接続詞
　　　└──────en 型

▶ an der Uni 大学で / Winterferien *pl* ← Winter（冬）*m* + Ferien（休暇）*pl*

♪ **3** ドイツ語にしなさい。

082
CD1·82

1. 私は 来年 ドイツへ 行き たいと思っている。

   _____

   nächstes Jahr [ネーヒステス ヤール]：4 格副詞 (㊤ *next year*) / ドイツへ行く：nach Deutschland fahren /「時―方法―場所」という状況語の配列規則（77 頁）により「来年」―「ドイツへ」の順

2. 君は すぐに 家に帰ら なければならない。

   _____

   すぐに：sofort [ゾフォルト] / 帰宅する：nach Hause gehen(㊤ *go to home*)

チャレンジ問題　この課に出てきた単語を使ってみよう！

君はドイツ語を話せますか？―はい、私は少しドイツ語を話せます。

   _____

Wohin sollen wir das stellen?

P: Packer   M: Frau Müller

P: Wohin sollen wir das Bücherregal und das Sofa stellen?

M: Stellen Sie das Bücherregal hier **in die Ecke**, und das Sofa **neben die Tür**, bitte.

P: Und der Teppich, ist der für das Esszimmer?
  └─ Teppich を指す。1格

M: Nein, legen Sie ihn **vor das Sofa**. Und setzen Sie bitte die Puppen **auf das Sofa**.

P: Und das Bild?

M: Hängen Sie es **an die Wand über dem Sofa**.

所在の場所 + 3, 4		移動の方向 + 3, 4	
stehen	〜に立っている、ある	stellen	…を〜へ立てる、置く
liegen	〜に横たわっている、ある	legen	…を〜へ横たえる、置く
sitzen	〜にすわっている、ある	setzen	…を〜へすわらせる、置く
hängen	〜に掛かっている	hängen	…を〜へ掛ける

選ばれた家具の場所を正しく言いなさい。空欄にそれぞれ正しい定冠詞を入れなさい。

1. Das Bücherregal steht **in** _____ Ecke.

2. Das Sofa steht **neben** _____ Tür.

3. Der Teppich liegt **vor** _____ Sofa.

4. Die Puppen sitzen **auf** _____ Sofa.

5. Das Bild hängt **an** _____ Wand **über** _____ Sofa.

▶ 「移動の結果」、「所在の場所」を表している。

Lektion **8** acht

分離動詞・zu 不定詞

084
CD1·84

Wann fährt der Zug nach Frankfurt ab? –Um 14.57 Uhr.
いつフランクフルト行きの列車は 出発する のですか。–14 時 57 分です。

Wann kommt der Zug in Frankfurt an? –Um 15.39 Uhr.
いつその列車はフランクフルトに 到着する のですか。–15 時 39 分です。

Er hat vor, in den Sommerferien nach Europa zu fahren.
彼は 夏休みにヨーロッパへ 行くこと を計画している。

▶ um 14.57 Uhr: um vierzehn **Uhr** siebenundfünfzig
um 15.39 Uhr: um fünfzehn **Uhr** neununddreißig

085
CD1·85

1 分離動詞

分離の前つづりを持つ動詞を分離動詞という。アクセントは前つづりに置かれる。

分離の前つづり

an|kommen　　vor|haben　　auf|stehen

分離線　　基礎動詞

分離動詞は主文で定形として用いられるとき分離し、前つづりは文末に置かれる。

1	2	3	文末		
	基礎動詞		分離の前つづり		
Er	kommt	heute in Berlin	an.		an|kommen
Morgen	habe	ich eine Reise	vor.		vor|haben
Wann	stehen	Sie	auf?		auf|stehen
Stehen	Sie	um sieben Uhr	auf!		

▶ 分離の前つづりは本来独立した語で、動詞と熟語的に結びついて分離動詞を構成している。
▶ 動詞と密接に結びつく語（分離の前つづり）は文末に置かれる。

文末に置かれるときには分離しないで 1 語で書かれる。

Er weiß, **dass** du immer um fünf Uhr **aufstehst**. 　副文中では分離しない　　　auf|stehen
　　　　　　 君が いつも 5 時に 　　 起きる ということ

Morgen müssen wir um sieben Uhr **aufstehen**.
　　　 明日 私たちは 7 時に 起き なければならない。

2 zu 不定詞

動詞の基本形である不定形に zu をつけた形を zu 不定詞という。目的語や副詞句を伴う zu 不定詞句では zu ＋不定形が最後に置かれる。

zu 不定詞　　　**zu lernen**

zu 不定詞句　　Deutsch **zu lernen**
　　　　　　　　　　　　句の最後

分離動詞の場合は、基礎動詞に **zu** をつけるので、前つづりと基礎動詞の間に **zu** がはさまる形で1語で書かれる。

auf|machen → auf**zu**machen

1 名詞の付加語として

　　　　　　　　　　　　　　　　　　┌ an|rufen
　　Ich habe keine Gelegenheit, dich⁴ **anzurufen**.　　　　　　　名詞付加語的用法
　　　　　　　　　　　　君に電話をかける（ という ・ ための ）機会を

2 主語や目的語として　　　　　　　　　　　　　　　　　　　　名詞的用法

　　Es ist nicht schwer, Deutsch **zu lernen**.　　　　　　　　es ～ , zu ～
　　　　　　　　　　　　ドイツ語を学ぶ こと

3 前置詞 **ohne**（～なしに）、**statt**（～の代わりに）、**um**（～のために）とともに

　　Er will nach Wien fahren, **ohne** Deutsch **zu lernen**.　　　ohne + zu ～

　　Ich besuche Sie, **statt** Ihnen **zu schreiben**.　　　　　　　statt + zu ～

　　Wir fahren mit dem Auto, **um** pünktlich am Bahnhof **zu sein**.　　um + zu ～

4 **da[r]**（それ）が、後続する zu 不定詞などを受ける場合

　　Er achtet **dar**auf, keine Fehler **zu machen**. auf ～ achten ～に気をつける　　da[r], zu ～
　　　　　　　　間違いをしない こと

辞書の引き方！

必ず前つづりをつけて引く。

Er **teilt** ihr eine Neuigkeit **mit**.　　→　mit|teilen を引く

Der Zug **fährt** pünktlich um zehn Uhr **ab**.　→　ab|fahren を引く

Übung 8

1 分離動詞を抜き出し，その不定形を書きなさい。また全文を和訳しなさい。

A: Entschuldigung, wie komme ich zur Post?

B: Steigen Sie hier in den Bus ein. Und am Rathaus steigen Sie um.

A: Wo steige ich aus?

B: Am Hauptbahnhof.

2 下線部に適当な語を入れ、全文を和訳しなさい。

1. Ich fahre nach Deutschland, ＿＿＿＿＿＿＿ Musik zu studieren. するために

2. Ich bleibe heute zu Hause, ＿＿＿＿＿＿＿ zu arbeiten. する代わりに

3 ドイツ語にしなさい。

1. 何を君は 明日 予定しています か？

　─明日 (文頭) 私は ガールフレンドと 遊びに出かけること を 予定している。

_____

_____

 was / du / morgen / vor|haben / mit / meine Freundin [フロインディン] (格変化する) / aus|gehen (英 go out)
zu（分離動詞の場合、分離線のところに挿入）

2. 私たちの先生は 明日 ウィーンから 戻って来る 。

_____

 unser Lehrer / morgen / von Wien [フォン　ヴィーン] / zurück|kommen [ツリュック・コメン] (英 come back)

チャレンジ問題 この課に出てきた単語を使ってみよう！

私は、明日 5 時に起きるために、早く寝る。

_____

früh / ins Bett gehen (英 go to bed)

数詞

1.000　(千)　[ein]tausend	100.000　(十万)　[ein]hunderttausend
10.000　(万)　zehntausend	1.000.000　(百万)　eine Million 女性名詞

Wann sind Sie geboren?　– Ich bin am 19. August 1989 geboren.

neunzehnten

1989 [年号]　neunzehn**hundert**neun**und**achtzig
　　　　　　1900 と 89 とに分けて言い表す

2022 [年号]　zwei**tausend**zwei**und**zwanzig

11頁、18頁、50頁参照

動詞の3基本形

091
CD1·91

> **Warum warst du vorgestern nicht auf der Party?**
> **Warst du vielleicht krank?**
> フィライヒト
> どうしておとといパーティに いなかったの？ ひょっとして病気 だったの？
>
> **— Ja, ich hatte Fieber und konnte leider nicht kommen.**
> ええ、熱が あって、残念ながら行くこと ができなかった。

092
CD1·92

1 動詞の3基本形

動詞の不定形、過去基本形、過去分詞を動詞の3基本形という。

変化の形によって、①規則動詞、②不規則動詞に分けられる。

	不定形		過去基本形	過去分詞
①規則動詞	-en		-te	ge—t
	kaufen	買う	kaufte	gekauft
	lernen	学ぶ	lernte	gelernt
	machen	する	machte	gemacht
②不規則動詞	sehen*	見る	sah ザー	gesehen ゲゼーエン
右肩に＊印	fahren*	行く	fuhr フーア	gefahren ゲファーレン
	sprechen*	話す	sprach シュプラーハ	gesprochen ゲシュプロッヘン
	kommen*	来る	kam カーム	gekommen ゲコメン
	bringen*	もって来る	brachte ブラハテ	gebracht ゲブラハト
重要動詞	sein*	ある	war ヴァール	gewesen ゲヴェーゼン
	haben*	持っている	hatte ハッテ	gehabt ゲハープト
	werden*	なる	wurde ヴルデ	geworden ゲヴォルデン

093
CD1·93

2 過去分詞に ge- がつかない動詞

第1音節にアクセントのない動詞は、過去分詞で ge- をつけない。 ge- をつけると口調が悪くなるので

①アクセントのない前つづり be-, emp-, ent-, er-, ge-, ver-, zer-, miss- で始まる動詞

② -ieren で終わる動詞（アクセントは **ie** にある） 非分離前つづり

不定形	過去基本形	過去分詞			
besuchen	besuchte	besucht	suchen	suchte	gesucht
verstehen*	verstand	verstanden	stehen*	stand	gestanden
studieren	studierte	studiert			

Tipp 非分離前つづりの8個をローマ字式に続けて読んで「ベ**エン**ペンエル・ゲ**フェル**ツェルミス」と覚える。

3 分離動詞の3基本形

不定形	過去基本形	過去分詞
aufmachen	machte ... auf	aufgemacht
aufstehen*	stand ... auf	aufgestanden

▶不定形と過去分詞は1語で書く

4 過去人称変化

3基本形のうちの過去基本形に次の語尾をつければ、過去の定形がつくられる。ich, er/sie/es のところは過去基本形のまま用いる。過去基本形が -e で終わるもの（例：lernte, hatte）は -n だけをつける。今の自分の視点と切り離して、過ぎ去った完結した出来事を語る場合に過去形が用いられる。

不定形		sein*	lernen	haben*
過去基本形		war ■	lernte ■	hatte ■
ich	-△	war△	lernte△	hatte△
du	-st	warst	lerntest	hattest
er/sie/es	-△	war△	lernte△	hatte△
wir	-en	waren	lernten	hatten
ihr	-t	wart	lerntet	hattet
sie/Sie	-en	waren	lernten	hatten

Er **saß** ruhig im Zimmer und **las**, da **kam** seine Freundin.

sitzen* 座っている／lesen* 本を読む／kommen* 来る

辞書の引き方！

過去形　Wir **lebten** in Deutschland.
　　　　Wir **fuhren** nach Deutschland.

過去の定形	過去基本形	不定形
lebten	lebte	leben
fuhren	fuhr	fahren*

　規則動詞の場合　語幹に -en をつけて不定形に戻す。
　不規則動詞の場合　過去基本形のままで「辞書」あるいは「不規則動詞変化表」で調べることができる。

過去分詞　Wir haben in Deutschland **gelebt**.
　　　　　Wir sind nach Deutschland **gefahren**.

過去分詞	不定形
gelebt	leben
gefahren	fahren*

　規則動詞の場合　語幹に -en をつけて不定形に戻す。
　不規則動詞の場合　過去分詞のままで「辞書」あるいは「不規則動詞変化表」で調べることができる。

Übung 9

♪ **1** 3基本形の表を完成させなさい。

CD1·96 096

	不定形	意味	過去基本形	過去分詞
1.	_____ (	)	hörte	_____
2.	spielen (	)	_____	_____
3.	_____ (	)	_____	geschrieben
4.	_____ (	)	bestellte	_____
5.	telefonieren (	)	_____	_____

♪ **2** 不定形を過去人称変化させなさい。また全文を和訳しなさい。

CD1·97 097

1. Jetzt wohne ich in Japan. Aber damals _____ ich in Berlin.　wohnen

2. Meine Eltern _____ krank, aber jetzt sind sie wieder gesund.　sein
   └─ ↔ krank

3. Gestern _____ ich keine Zeit, aber heute habe ich Zeit.　haben

4. Gestern Abend _____ wir viel Bier.　trinken

5. _____ Sie schon einmal in Deutschland?　sein
   └─ 今まで〜ことがある
   – Nein, ich _____ noch nie dort.
   └─ まだ一度も〜ない

♪ **3** ドイツ語にしなさい。

CD1·98 098

1. 休日は どう だった？ —私は 働か なければならなかった。

   _____

    wie（文頭）/ die Ferien [フェーリエン] *pl* / sein（過去形で）/ arbeiten / müssen（過去形で）

2. かつて 私の夫は たくさんお金を 持っていた。

   _____

   früher [フリューアー]（文頭）/ mein Mann / viel Geld [フィール ゲルト]（文末）/ haben（過去形で）

ケルンの大聖堂

現在完了形

machen（する）	– machte	– gemacht
gehen（行く）	– ging	– gegangen
sehen（見る）	– sah	– gesehen
sein（である）	– war	– gewesen

099
CD2·01

Was haben Sie gestern gemacht?

あなたはきのう何を した のですか？

— Ich bin mit Claudia ins Kino gegangen.

私はクラウディアと映画を見に 行きました。

Wir haben den Film „Spider-Man" gesehen.
Er war sehr interessant.

私たちは『スパイダーマン』を 見ました。とても面白かった。

100
CD2·02

1 現在完了形

現在完了形は完了の助動詞 haben または sein の現在人称変化形と本動詞の過去分詞（文末）でつくる。英語と違う点は、完了の助動詞として haben 以外に sein をとる動詞があることと、過去分詞が文末に置かれることである。

1	2	3	文末
	完了の助動詞 現在人称変化（定形）		本動詞の過去分詞
Ich	**habe** haben	im Sommer eine Reise⁴	**gemacht.** machen（…⁴ をする）の過去分詞
Ich	**bin** sein	nach Europa	**gefahren.** fahren*（行く）の過去分詞

日常会話で過去のことを述べる場合、現在完了形を用いることが多いが、haben - **hatte**, sein - **war**, 話法の助動詞（35 頁参照）などは過去形を用いることが多い。

101
CD2·03

2 haben か sein か

大多数の動詞は haben を完了の助動詞とする。

> sein を完了の助動詞とするのは、自動詞のうち次の３つに限られる。
>
> ① 場所の移動を表す自動詞　gehen（行く）型
> gehen – **gegangen**, fahren – **gefahren**, kommen – **gekommen** など
>
> ② 状態の変化を表す自動詞　werden（なる）型
> werden – **geworden**, sterben – **gestorben**, auflstehen – **aufgestanden** など
>
> ③ 上記以外　　　　　　　sein（いる）型
> sein – **gewesen**, bleiben – **geblieben** など
>
> 分離動詞（→ 39 頁、43 頁）

人称変化させる（第2位）	過去分詞にする（文末）
haben	すべての他動詞・多くの自動詞
sein	一部の自動詞 ① ② ③

4格の目的語をともなう動詞を他動詞、ともなわない動詞を自動詞という。

完了の助動詞として haben をとるか、sein をとるかは辞書で調べることができる（→辞書の引き方）。

Ich **habe** ihm ein Buch⁴ **gekauft**. Denn morgen ist sein Geburtstag.
└── 0の位置の接続詞

kaufen（買う）– kaufte – **gekauft**

Arbeitet sie hier?
– Nein, sie **hat** früher hier **gearbeitet**.

arbeiten（働く）– arbeitete – **gearbeitet**

Wir **sind** drei Wochen in Berlin **geblieben**.

bleiben*（…にとどまる）– blieb – **geblieben**

♪ 3 副文中の完了形

Ich habe kein Geld mehr, weil ich gestern ein Buch⁴ gekauft habe.
　　　　　　　　　　　　私は きのう　　　本を　　買った　　　　　のので

kaufen（買う）– kaufte – gekauft

▶ 副文では定形は文末に置かれるので、完了の助動詞が文末になる。

辞書の引き方！

完了の助動詞として haben をとるか sein をとるか迷った時（←自動詞の場合）には必ず辞書を見て確かめる。
他動詞（4格をとる動詞）はすべて haben をとる。

arbeiten [自]［完了 haben］働く
　　↓　　↓
　　自動詞　haben が完了の助動詞

Gestern **habe** ich fleißig **gearbeitet**.
きのう私は熱心に 働いた。

bleiben* [自]［完了 sein］とどまる
　　↓　　↓
　　自動詞　sein が完了の助動詞

Gestern **bin** ich den ganzen Tag zu Hause **geblieben**.
きのう私は一日中家に いた。

Übung 10

♪ 103 CD2·05

1 現在完了形の文を完成させなさい。また全文を和訳しなさい。

1. Am Sonntag _____ ich mit ihr Tennis⁴ _____ . **spielen**

2. Ich _____ gerade den Roman⁴ zu Ende _____ . **lesen***

3. Die Kinder _____ früh am Morgen zur Schule _____ . **gehen***

4. Endlich _____ der Mai _____ . **kommen***

5. Wir _____ acht Jahre lang in München _____ . **wohnen**
   └── e 型の複数形

♪ 104 CD2·06

2 全文を和訳しなさい。

1. A: Was hast du gestern gemacht?

   B: Am Vormittag hatte ich Unterricht. Dann habe ich in der Bibliothek gearbeitet.

2. A: Wohin bist du mit ihm gegangen?

   B: Wir sind ins Kino gegangen. Danach haben wir italienisch gegessen.
   └── イタリア風に、イタリア料理を

3. A: Wie war die Reise nach Deutschland?

   B: Sie war sehr schön. In Berlin habe ich viel gesehen und viel fotografiert.
   └── ge のつかない過去分詞

♪ 105 CD2·07

3 ドイツ語に訳しなさい。

1. 何を 君は 昨日 した のですか？
   ―午後に 私は 授業が あった（授業を 持っていた）。授業の 後 私は コンサートに 行った。

   _____

   _____

   was / gestern / machen（現在完了形で）/ am Nachmittag（文頭）/ Unterricht [ウンターリヒト]
   haben*（過去形で）/ nach dem Unterricht（文頭）/ ins Konzert [コンツェルト] gehen（現在完了形で）

2. 私たちは たった今 夕食を 食べた ところです。

   _____

   eben [エーベン] たった今〜ところ / zu Abend [アーベント] essen*（現在完了形で）

♪ 106 CD2·08

時を表す前置詞

vor dem Essen   **beim** Essen   **nach** dem Essen

um 8 Uhr 時刻   **am** Sonntag 曜日   **im** Sommer 季節   **im** April 月   **von** April **bis** Mai

am Morgen 一日の時間帯   **am** Mittag   **am** Abend   **in** der Nacht

am Wochenende   **gegen** Mittag

Kennen Sie Mozart?

A の文章を読み、B、C よりそれぞれに関連するものを選びなさい。

A

107
CD2·09

Mozart

Mozart wurde in Salzburg geboren.　　　　　　　werden* / gebären*

Sein Vater war Musiker.　　　　　　　　　　　　　　sein*

Er machte mit dem Sohn und der Tochter Musikreisen.　machen

Der Kleine wurde Wunderkind genannt.　　　　　　nennen*

Als er sechs Jahre alt war, spielte er im Schloss Schönbrunn Klavier.　spielen

Seine Oper „Die Zauberflöte" ist sehr interessant.

der Kleine：男の子（形容詞の名詞化）　Schloss Schönbrunn：シェーンブルン宮殿（世界文化遺産）
Die Zauberflöte：『魔笛』

108
CD2·10

Klimt

Gustav Klimt wurde 1862 in Österreich geboren.　　werden* / gebären*

Dieser Künstler entfernte sich vom traditionellen Stil.　entfernen

1897 gründete er die Wiener Secession.　　　　　　gründen

Klimt und Egon Schiele sind als Künstler um die Jahrhundertwende bekannt.　sein*

Im Schloss Belvedere kann man die Gemälde von Klimt sehen.　können*

„Der Kuss" ist besonders beliebt.　　　　　　　　sein*

1862：achtzehnhundertzweiundsechzig　1897：achtzehnhundertsiebenundneunzig
die Wiener Secession：ウィーン分離派　Schloss Belvedere：(ウィーンにある)ベルヴェデーレ宮殿　Der Kuss：『接吻』

109
CD2·11

Hundertwasser

Friedensreich Hundertwasser ist ein österreichischer Künstler.　sein*

Man nennt ihn „den Wienerischen Gaudi".　　　　nennen*

Hundertwasser benutzte nicht gerade, sondern Wellenlinien für seine Gebäude.　benutzen

Sein Stil beeinflusst das „Ghibli Museum".　　　beeinflussen

Er schätzte die japanische Kultur hoch, besonders das japanische Tragtuch.　schätzen

Friedensreich Hundertwasser：フンダートヴァッサー（1928-2000）、オーストリア、ウィーンの近代建築家。自然界
にはない直線を嫌い、曲線や曲面を多用した様式が特徴。ウィーンのガウディ（1852-1926、スペインの建築家）と呼ばれる。
Ghibli Museum：ジブリ美術館　hoch schätzen：～⁴を高く評価する　Tragtuch：風呂敷

Beethoven

Beethoven wohnte in Bonn, als er jung war. wohnen / sein*

Um Mozart zu treffen, besuchte er die Musikstadt Wien. besuchen

In Heiligenstadt schrieb er sein Testament. schreiben*

„Fidelio" ist seine einzige Oper.

Am Jahresende wird die Neunte Symphonie überall in Japan gespielt. spielen

Heiligenstadt：ハイリゲンシュタット（ウィーンの地名）　Fidelio：『フィデリオ』

Schubert

Schubert wurde in Wien geboren. werden* / gebären*

Er sang als Mitglied des Sängerchors. singen*

Schubert verehrte Mozart und Beethoven. verehren

„Der Erlkönig" und „das Heidenröslein" sind populär. sein*

Er liegt neben Beethoven auf dem Zentralfriedhof in Wien. liegen*

Sängerchor：合唱団　der Erlkönig：『魔王』（ゲーテの詩）　das Heidenröslein：『野ばら』
Zentralfriedhof：中央墓地

B

C

A) Maler　　B) Salieri　　C) Lindenbaum　　D) Eroica　　E) Architekt

シェーンブルン宮殿

分離派協会

中央墓地

フンダートヴァッサー
ハウス

Dialog

Was ist das?	– Das ist ein Wörterbuch.
Wo ist die Toilette?	– Dort!
Wie heißen Sie?	– Ich heiße Kenji Sato.
Wo wohnen Sie?	– Ich wohne in Tokyo.
Wohin fahren Sie?	– Ich fahre nach Berlin.
Woher kommen Sie?	– Ich komme aus Japan.
Was sind Sie von Beruf?	– Ich bin Student. / Ich bin Studentin.
Wann kommen Sie?	– Ich komme am Montag.
Sprechen Sie gern Deutsch?	– Ja, gern. Deutsch macht Spaß!

ブランデンブルク門　ベルリン

ベルリン・フィルハーモニカー

序数→「～番目の」　序数は形容詞の一種なので、変化語尾がつく（55 頁参照）。数字で示すときは Punkt (.) をつける。

1.	erst	6.	sechst	11.	elft
2.	zweit	7.	siebt	12.	zwölft
3.	dritt	8.	acht	13.	dreizehnt
4.	viert	9.	neunt	20.	zwanzigst
5.	fünft	10.	zehnt	22.	zweiundzwanzigst

> 1. ～ 19.　　基数 + t
> ただし、erst, dritt, siebt, acht
> 20. 以上　　基数 + st
> 例 zwanzigst, hundertst

am **3**. August 1987　　日付は序数で表す

読み方：am **dritten** August neunzehn**hundert**sieben**und**achtzig　　第 3 番目の[日]に
　　　　　弱 m3　　　　　ノインツェーン・フンダート・ズィーベン・ウント・アハツィヒ

den **26**. Februar 2022　　手紙

読み方：den **sechsundzwanzigsten** Februar zwei**tausend**zwei**und**zwanzig　第 26 番目の[日]
　　　　　弱 m4

▶ 日付の定冠詞 (am, den) が男性名詞になっているのは、Tag（日）m が省略されているからである。

Lektion 11 elf / elfte Lektion

再帰動詞・受動

114
CD2·16

Wofür interessierst **du** dich?

何に君は 関心があるの？

wofür　疑問詞 was「何」と前置詞
für「～に対して」の融合形。

– **Ich** interessiere mich **für Sport. Ich spiele gern Fußball.**
Fußball wird **auch in Deutschland gern** gespielt.

私はスポーツに 関心がある。サッカーをするのが好きだ。サッカーはドイツでも好んで プレーされている。

115
CD2·17

1 再帰代名詞

主語と同一の目的語を表す代名詞を再帰代名詞という。

	ich	du	Sie	er/sie/es	wir	ihr	Sie	sie
3	mir	dir	sich	sich	uns	euch	sich	sich
4	mich	dich	sich	sich	uns	euch	sich	sich

1・2 人称（ich, du, wir, ihr）は人称代名詞（21 頁）と同じ。3 人称と 3 人称複数を転用した 2 人称敬称の Sie は sich となる。Sie の場合も sich は小文字。

① Sie wäscht das Kind.

その子供の体を洗う。

② Sie wäscht **sich**.
└─同一─┘

自分の体を洗う。

waschen

▶ Sie wäscht sie.　（主語とは別の）彼女の体を洗う。
　　　　└─人称代名詞

116
CD2·18

2 再帰動詞

再帰代名詞と結びついて一つのまとまった意味を表す動詞を再帰動詞という。

setzen は本来は「ある人を座らせる」という他動詞である。①においては，setzen は他動詞として用いられ，主語の行為が主語以外のもの (das Kind) に加えられる。それに対して②においては，主語の行為は自分自身に向けられている。このように主語から出た行為が、自分の身に帰ってくることを表している。

① Sie setzt das Kind auf die Bank.　　彼女はその子供をベンチに座らせる。　　**setzen**（座らせる）

② Sie **setzt sich** auch auf die Bank.　　彼女もベンチに座る。　　sich⁴ setzen（座る）

座る（←自分を座らせる）

3 動作受動

動作の受動は、助動詞 werden と本動詞の過去分詞（文末）でつくり、「～される」「～が行われる」という意味を表す。「～によって」は von ＋人 3 で表す。

1	2	3	文末
	受動の助動詞		本動詞の過去分詞
Der Schüler	**wird** werden	von dem Lehrer	**gelobt.** loben（ほめる）の過去分詞

現在	Ich	**werde** werden の現在人称変化	von der Mutter	**geliebt.** lieben の過去分詞
過去	Du	**wurdest** werden の過去 (wurde) の人称変化	von der Mutter	**geliebt.**
現在完了	Er	**ist** sein の現在人称変化	von der Mutter	**geliebt worden.** werden の過去分詞

▶「完了の助動詞」sein（必ず sein）と「過去分詞 worden」とを組み合わせて作る。

> werden の過去分詞　① worden　　受動の助動詞「られる」→「られた」と訳す
> ② geworden　本動詞「なる」→「なった」と訳す
> Dein Deutsch **ist** wirklich besser **geworden.**

・話法の助動詞とともに

Der Brief **muss** heute noch **abgeschickt werden.**
ねばならない　　　　　　　発送　　　　　され

ab|schicken（発送する）

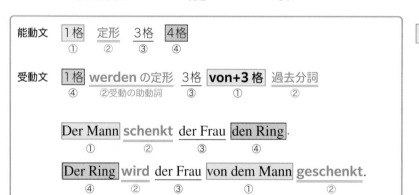

能動文と受動文

4 状態受動

動作の結果としての状態を表すときには、sein と他動詞の過去分詞（文末）でつくり、「～されている」という意味を表す。

Die Tür **ist geöffnet.**（← weil jemand[1] die Tür[4] geöffnet hat.）
　　　　開けられた　状態にある

öffnen（開ける）

Das Restaurant **ist** seit zwei Tagen **geschlossen.**
　　　　　　　　閉じられた　状態にある

schließen（閉じる）

5 es の用法（非人称の es）

es が人称代名詞として何かを受けているのではなく、特定の動詞の主語として形式的に用いられることがある。この場合の es は人称と関係がないので、非人称の es と呼ばれる。

Es regnet. / Draußen war **es** kalt.　　　　　　　regnen, 天候・自然現象の **es**

Wie spät ist **es** jetzt? – **Es** ist 11 Uhr.　　　　　　時刻の **es**（34 頁参照）

Es ist schade, dass du heute nicht kommst.　　　**es**（先行の形式主語）～ , dass …
　　　　　　　　　定形文末（副文）

Wie **geht es** Ihnen³?

– Danke, **es geht** mir³ gut. Und Ihnen³?　　　　**es geht** + 3 格 + 状態

In dieser Stadt **gibt es** viele Kirchen⁴.　　　　　　**es gibt** + 4 格（18 頁参照）
　　　　　　　強 *pl* 4（55 頁）　n 型の複数形　　　　　　　　↑
　　　　　　　　　　　　　　　　　　　　　　　　　　　　geben

オーストリア　ザルツブルク旧市街

Tipp!

sich⁴ freuen, sich⁴ setzen などを「自分自身を 喜ばす」「自分自身を 座らせる」のように 2 語からなる語と考えずに、1 語だと思って「喜ぶ」「座る」のように覚える。

再帰代名詞は概念として「自分（自身）に・を」を表しているが、日本語に訳さなくてもいい場合が多い。

再帰代名詞は 3 人称および Sie の場合は、3 格、4 格とも sich であるが、1 人称、du/ihr は人称代名詞と同じである。

辞書の引き方！

Sie freut sich über das Geschenk.
Ich freue mich über das Geschenk.
　　　　↑ sich

freuen [frɔʏən] ① (…⁴ を) 喜ばせる，うれしがらせる ② (sich) 喜ぶ、喜んでいる；(über+⁴ …[のこと] を) 楽しむ、楽しんでいる；(an+³ …[のこと] を) [期待して] 楽しみにする；(auf+⁴ …[のこと] を) 楽しみに待つ

再帰動詞は前置詞といっしょに熟語的に用いられることが多い。

Interessieren Sie **sich für** Mozart?

–Ja, ich **unterhalte mich** oft **mit** meinem Lehrer **über** seine Opern.

モーツァルトに関心がありますか？ —はい、よく先生と彼のオペラについて語り合います。

Übung 11

120
CD2·22
♪ **1** 音声を聞いて、下線部に再帰代名詞を入れ、全文を和訳しなさい。

A: Mein Sohn interessiert _____ für Sport. Er spielt gut Fußball.

Wofür interessierst du _____?

B: Ich interessiere _____ für Musik. Ich spiele Klavier und höre sehr gern Bach.

▶ wofür ← was「何」＋ für「〜に対して」

121
CD2·23
♪ **2** 和訳しなさい。

1. Ich lerne gern in der Bibliothek, weil es in der Bibliothek viele Bücher gibt und es sehr ruhig ist.

   感覚を表す es

   ▶ geben を調べて、es gibt 4 格の熟語を調べる / viele Bücher が 4 格 / weil 〜「〜なので」は従属の接続詞で、副文を導くために、定形 (gibt と ist) が文末に置かれていることに注意。

2. Die Kinder freuen sich, wenn es zu Weihnachten schneit.

   ▶ wenn 〜「〜ならば」は従属の接続詞で、副文を導くために、定形 (schneit ← schneien) が文末に置かれていることに注意 / es schneit (⊛ it snows) / zu Weihnachten「クリスマスの時に」

3. A: Wie wird das Wetter heute? heute は「今日の」と訳し、Wetter にかかる

   本動詞の werden

   B: Heute ist es sehr schön, aber morgen regnet es stark und es wird kalt.

4. Ich wurde von einem Ausländer angesprochen.

5. Das Buch wird mit der Post geschickt.

   受動の助動詞の werden

6. Wien wird oft Musikstadt genannt, weil dort gute Musik gespielt wird.

   ▶ gute Musik よい音楽が / gespielt wird が文末に置かれているのは、weil に導かれて、副文になっているから。

122
CD2·24
♪ **3** ドイツ語にしなさい。

1. 毎朝その男は 髭を剃って 体を洗う。　　　　　　　　　「自分の髭を剃って、自分の体を洗う」点に注意。

   ---

   jeden Morgen（文頭）4格副詞 (⊛ every morning) / der Mann / sich rasieren / sich waschen（人称変化に注意）

   比較 Die Friseur rasiert den Mann. 　 Die Pflegerin wäscht den Mann.
   理髪師がその男性の髭を剃る。　　　　　 看護師がその男性の体を洗う。

2. スイスではドイツ語 (無冠詞) が 話される。

   ---

   in der Schweiz [シュヴァイツ]（文頭）(die Schweiz は女性名詞の国名で、定冠詞をつける) / Deutsch（無冠詞）/ sprechen（受動に）

   ▶ 国名、地名はふつう中性名詞で、無冠詞。例：Deutschland, Berlin, Europa [オイローパ]

形容詞

123
CD2·25

Wir gehen ins deutsche **Restaurant und trinken ein** kühles **Bier.**

私たちはドイツレストランへ行って、冷たいビールを飲む。

124
CD2·26

1 形容詞の用法

① 述語的用法（無変化）	Er ist	**fleißig**.	勤勉である
		フライスィヒ	
② 名詞付加語的用法（変化語尾をとる）	Er ist ein	**fleißiger** Schüler.	勤勉な生徒
		フライスィガー	
③ 副詞としての用法（無変化）	Er lernt	**fleißig** Deutsch.	勤勉に

125
CD2·27

2 形容詞の変化

形容詞の付加語的用法の語尾のつけ方には３つのタイプがある。

① 形容詞■ ＋ 名詞 形容詞の前に格を表示した冠詞類がない場合 **強変化**

定冠詞類（22 頁）に類似する語尾をつける（m2, n2 には -en がつく）。形容詞が格を表示する。

	濃いコーヒー *m* **stark**		新鮮なミルク *f* **frisch**		冷たい水 *n* **kalt**		古い家 *pl* **alt**	
1	starker	Kaffee	frische	Milch	kaltes	Wasser	alte	Häuser
2	starken	Kaffee*s*	frischer	Milch	kalten	Wasser*s*	alter	Häuser
3	starkem	Kaffee	frischer	Milch	kaltem	Wasser	alten	Häuser*n*
4	starken	Kaffee	frische	Milch	kaltes	Wasser	alte	Häuser

Er trinkt gern **schwarzen** Kaffee.　　　　　　　　　　　schwarz
　　　　　　　強 m4

Wir studieren **deutsche** Literatur.　　　　　　　　　　　deutsch
　　　　　　　強 f4

② 定冠詞類（der, dieser 等） + 形容詞■ + 名詞　弱変化

太った男 *m* dick			美しい女性 *f* schön			小さな子供 *n* klein		
1	der	dicke	Mann	die	schöne	Frau	das	kleine	Kind
2	des	dicken	Mann**es**	der	schönen	Frau	des	kleinen	Kind**es**
3	dem	dicken	Mann	der	schönen	Frau	dem	kleinen	Kind
4	den	dicken	Mann	die	schöne	Frau	das	kleine	Kind

親切な人々 *pl* nett		
1	die	netten	Leute
2	der	netten	Leute
3	den	netten	Leute**n**
4	die	netten	Leute

> 定冠詞（類）が名詞の性・数・格をよく示すので、形容詞には単純な -e または -en の語尾がつく。

Heute essen wir in diesem **neuen** Restaurant.
　　　　　　　　　　　弱 n3

neu

③ 不定冠詞類（ein, mein, Ihr 等） + 形容詞■ + 名詞　混合変化

年とった父 *m* alt			若い母 *f* jung			よい子供 *n* gut		
1	ein △	alt**er**	Vater	eine	junge	Mutter	ein △	gut**es**	Kind
2	eines	alten	Vater**s**	einer	jungen	Mutter	eines	guten	Kind**es**
3	einem	alten	Vater	einer	jungen	Mutter	einem	guten	Kind
4	einen	alten	Vater	eine	junge	Mutter	ein △	gut**es**	Kind

私のよい子供たち *pl* gut		
1	meine	guten	Kinder
2	meiner	guten	Kinder
3	meinen	guten	Kinder**n**
4	meine	guten	Kinder

> m1, n1, n4 は、形容詞が格を表示して強変化、それ以外が弱変化。

Sie ist eine **schöne** Frau mit⁺³ **kurzen** Haaren.
　　　　　　混 f1　　　　　　強 pl3 └ e 型の複数形

schön / kurz

Ich schreibe meiner **alten** Mutter einen **langen** Brief.
　　　　　　　混 f3　　　　　　　　　混 m4

alt / lang

3 形容詞の比較変化

もとの形を原級といい、比較級は原級に -er を、最上級は原級に -[e]st をつけてつくる。
1音節の形容詞には比較級、最上級でウムラウトするものが多い。

基本形		美しい	大きい	年とった、古い	よい	高い	多い
原級	—	schön	groß	alt	gut	hoch	viel
比較級	-er	schöner	größer	älter	besser	höher	mehr
最上級	-st	schönst	größt	ältest	best	höchst	meist

▶ 最上級はこのままの形（-st）で使われることはなく、必ず語尾がつく。

4 原級・比較級・最上級の用法

① 原級の述語的用法

A ist so – wie B （AはBと同様に〜である）
Anna ist **so alt wie** Hans.

alt

② 比較級の述語的用法

A ist -er als B （AはBよりも〜である）
Anna ist **kleiner als** Hans.

klein

③最上級の述語的用法

der / die / das -ste（最上級 –e）; am –sten（最上級 –en）　同類の中で1番〜である
Er ist **der fleißigste** in der Klasse.
Er ist in der Klasse **am fleißigsten**.

fleißig

am –sten　　1番〜である（一定条件下で、〜の場合に）
Jeder Student ist vor der Prüfung **am fleißigsten**.

④比較級・最上級の付加語的用法（変化語尾がつく）

A: Wir haben eine sehr **große** Wohnung!
B: Ich habe aber eine **größere** Wohnung als ihr.
A: Nein, wir haben bestimmt die **größte** Wohnung.

groß

⑤比較級・最上級の副詞的用法　　　　-er / am -sten

A: Ich laufe **schnell**. Du läufst **schneller** als ich.
B: Aber **am schnellsten** läuft er.

schnell（速く）

クイズ　Was ist das kleinste deutschsprachige Land?

Übung 12

1 下線部に格語尾を入れ，全文を和訳しなさい。

1. Ich trinke gern süß____ Wein.

2. Herr und Frau Schmidt wohnen in der groß____ Wohnung.

3. Sie kauft ein neu____ Auto.

4. In Frankfurt findet die international____ Buchmesse statt.

　　▶ Buchmesse *f* 書籍見本市　findet ... statt ←分離動詞 statt|finden

2 形容詞・副詞を抜き出し，全文を和訳しなさい。

1. Die deutschen Hotels sind sauber. ──────── s 型の複数形
   Alle Zimmer haben kaltes und warmes Wasser. ──── 無語尾型の複数形

2. Die deutschen Universitäten haben eine lange Geschichte.
   Die Universität Heidelberg ist die älteste in Deutschland. ──── Universität が省略されている

3. Ich trinke gern Sekt.　gern 副 （好んで、〜するのが好き） − lieber − am liebsten
   Er trinkt lieber Wein als Bier.
   Sie trinkt am liebsten Bier.

3 ドイツ語にしなさい。

1. 私は 私の息子に 一冊の ドイツ語の辞書を 与える。

　　_____

　　 mein Sohn （格変化する） / deutsch （格変化語尾をつける） / Wörterbuch [ヴェルターブーフ] *n* （不定冠詞を
　　つける） / geben
　　Wörterbuch → Wörter （言葉） + Buch （本） Wörter は Wort （英 *word*） の複数形。合成名詞の性は後ろの
　　名詞の性になる。

2. 日本(の) 茶は　健康のために　いいです。

　　_____

　　 japanisch [ヤパーニッシュ] （格変化語尾をつける） / Tee *m* （無冠詞） / gut für die Gesundheit [ゲズントハイト]
　　（文末） / sein

書籍見本市　フランクフルト

> **辞書の引き方!**
>
> Ich trinke **starken** Kaffee und sie trinkt **kühles** Bier.
>
> starken や kühles で辞書を引いても出ていない。語尾 -en, -es を除いた stark, kühl で引く。

E-Mail

ペーターは日本に旅行に行くつもりです。切子など日本の文化に興味があり、知り合いのフジコさんにメールを書きました。

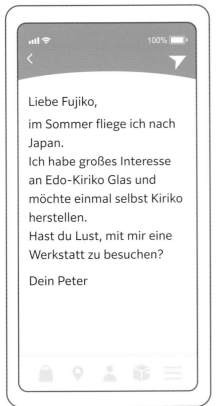

Liebe Fujiko,

im Sommer fliege ich nach Japan.
Ich habe großes Interesse an Edo-Kiriko Glas und möchte einmal selbst Kiriko herstellen.
Hast du Lust, mit mir eine Werkstatt zu besuchen?

Dein Peter

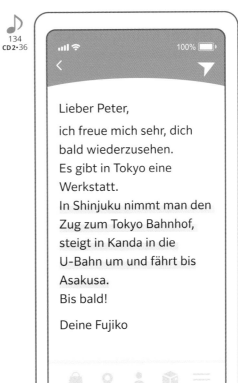

Lieber Peter,

ich freue mich sehr, dich bald wiederzusehen.
Es gibt in Tokyo eine Werkstatt.
In Shinjuku nimmt man den Zug zum Tokyo Bahnhof, steigt in Kanda in die U-Bahn um und fährt bis Asakusa.
Bis bald!

Deine Fujiko

um|steigen 乗り換える

Frage あなたの街の観光スポットを紹介してください。テキストのマーカーされた部分を参考にして、起点となる駅から観光スポットまでの行き方を説明してください。

切子（ガラスの表面に彫刻したカットグラス。
江戸切子、薩摩切子が有名。）

やってみよう！
インスタグラムの♯（ハッシュタグ）にドイツ語を付けて発信してみよう。ドイツからコメントや♥が届きますよ。
♥ アクセスの多いハッシュタグ
♯ wald ♯ himmel ♯ wolke ♯ sommer（季節）♯ gold（色）（名詞も小文字で大丈夫！）

Lektion 13 dreizehn 関係代名詞

① 「…するところの ▯ 」と ② 「…する 人 」
「…する こと 」の２種類があります。

135
CD·37

Das ist der Mann, den ich liebe.

あの人は、私が愛している 男性です。

den⁴ ich liebe が、先行詞 der Mann に
かかる関係文。lieben は「～ ⁴ を愛する」

136
CD2·38

1 定関係代名詞

定関係代名詞の性・数は先行詞と一致するが、格は関係文の中での文法的役割によって決まる。また
関係文は副文の一種であるから、定形は文末に置かれ、コンマで主文と区切られる。

副文

先行詞, 関係代名詞 ... 文末 　…であるところの ▯ （ ▯ は先行詞）

		先行詞の性			
		m	*f*	*n*	*pl*
関係文中の役割	1	, der	, die	, das	, die
	2	, dessen	, deren	, dessen	, deren
	3	, dem	, der	, dem	, denen
	4	, den	, die	, das	, die

先行詞の性　関係文中で主語の役割

Der Mann, der da steht, ist mein Freund.　　　　[*m* 1]
　　　　（その人が）そこに立っている

Wer ist die Frau, mit der³ du jetzt gesprochen hast?　　[*f* 3]
　　　　（その人と）君が今話していた

先行詞の性　前置詞 mit は３格と結びつく

2 不定関係代名詞

137
CD2·39

不定関係代名詞は特定の人または特定のものを指さない関係代名詞で、wer は「…する人」, was は
「…するもの、こと」という意味である。

1	wer	was
2	wessen	-
3	wem	-
4	wen	was

Wer nicht arbeitet, [der] soll nicht essen.
働かない人　　　　　　　は

Was er sagt, [das] glaubt man gern.
彼が言うこと　　　を

wer（…するところの 人）, was（…するところの もの こと）は先行詞の働きをかねるので、ふつう
先行詞をとらない。しかし was だけは先行詞をとる場合がある。alles, etwas, nichts などがそれで
ある。

Das ist **alles**, **was** ich für dich tun kann.

 クイズ Wer ist der Komponist, der das „Air auf der G-Saite" komponiert hat?

Übung 13

1 下線部に関係代名詞を入れなさい。また全文を和訳しなさい。

1. Das ist der Bus, _____ zum Bahnhof fährt.

2. Der Mann, _____ ich Schokolade⁴ schenken will, hat morgen Geburtstag.

3. Der Lehrer, _____ Frau¹ Deutsche¹ ist, spricht gut Deutsch.
   └─ 形容詞の名詞化参照（78頁）

2 和訳しなさい。

1. Die Mutter, die lange krank war, ist ganz gesund geworden. krank ⟷ gesund

2. Wen man liebt, dem vergibt man alles.

3. Was Sie behaupten, [das] ist richtig.

4. Das ist alles, was ich gesehen habe.

3 ドイツ語にしなさい。

1. これは、私が昨日買った 長編小説です。

_____

> Das ist der Roman [ロマーン] が主文で、先行詞 der Roman の後ろに「それを私が昨日買った」という関係文を入れる。
> gestern [ゲスターン] / kaufen（現在完了形、完了の助動詞は関係文内の文末）

2. 彼が E メールを送った その女性（文頭）は 私の先生（文末）だった。

_____

> Die Frau war meine Lehrerin [レーレリン] が主文で、先行詞 Die Frau の後ろに「その人に彼が E メールを送った」
> という関係文を入れる / eine E-Mail schicken（現在完了形、完了の助動詞は関係文内の文末）

Tipp!

関係文は、元来関係代名詞が先行詞を受けて、—それ[は] …だが— という意味で使われる挿入句であった。
　その男性は — その人にチョコレートを贈るつもりでいるんだけど — 明日誕生日だ。[← [1] 2.]
　その先生は — その人の妻はドイツ人であるが — ドイツ語を上手に話す。[← [1] 3.]

不定関係代名詞 wer, wessen, wem, wen は「～する人」という意味で、これを指示代名詞 der, dessen, dem, den「その人が・の・に・を」で受ける。1格の der はふつう省略される。

不定関係代名詞 was は「～すること」という意味で、これを指示代名詞 das, dessen, dem, das「それが・の・に・を」で受ける。1格・4格の das はふつう省略される。

Wer mit mir nach Deutschland gehen will, **den**⁴ nehme ich mit.
私とドイツへ行きたい人 を 私は連れて行く。

Was du kochst, [**das**]⁴ esse ich gern.　君が料理するもの を 私は喜んで食べる。

答 Johann Sebastian Bach / August Wilhelmj

Ein Café in Wien

♪
141
CD2・43

例にならってドリンクとケーキを注文してみましょう。

A: Was möchten Sie trinken?

B: Bier, bitte!

Kaffee

Tee

Wasser

Orangensaft

Weißwein

Rotwein

* ミネラルウォーターを注文すると、ふつう炭酸入りが出てきます。炭酸なしのミネラルウォーターがほしいときは、Stilles Mineralwasser, Mineralwasser ohne Kohlensäure / Gas と注文すること。

A: Was möchten Sie essen?

B: Sachertorte, bitte!

Erdbeertorte
イチゴのケーキ

Sachertorte
ウィーンを代表するチョコレートケーキ

Topfentorte　カッテージチーズ味

Apfelstrudel
しっとり系アップルパイ

Schwarzwälder Kirschtorte
チェリーが入ったチョコレートケーキ

Melange　ウィーン風カフェラテ

Sacher: ザッハートルテとメランジェでウィーンを満喫。

Demel: 皇妃エリーザベトお気に入りのお店で、ザッハートルテの食べ比べを！

Frauenhuber: ベートーヴェンが通ったウィーン最古のカフェ。

Central: 天井の高い、ゆったりとした文学カフェの一つ。

Landtmann: クリムトやフロイトもここで一休みした。東京の表参道に支店があるので、ぜひ。

Heiner: 伝統的なウィーンのケーキがおすすめ。

Sluka: 上品な雰囲気の中で、ダイエットケーキなどいかが？
© Sluka

Café Stein: ウィーン大学の近く。モダンな内装で若い人に人気。
© Café Stein

Imperial: 最高級ホテルの１階にあるカフェ。オリジナルのインペリアルトルテが最高。

Hawelka: 多くの作家が熱く語った伝説のカフェ。

Café Museum: 建築家のアドルフ・ロースが設計。

Oberlaa: 地元でも美味しいと評判のカフェ。

Lektion 14 vierzehn

接続法

142
CD2·44

佐藤さんの発言 „Ich fahre im Sommer nach Europa" → 直説法
「ぼくは夏にヨーロッパへ行くんだ」

話し手が、他の人にこの佐藤さんの発言を伝える場合　　間接話法 → 接続法第1式

Herr Sato sagt, er fahre im Sommer nach Europa.
夏にヨーロッパへ行くって、佐藤さんは言っているよ。

Wenn ich Zeit hätte, würde ich auch nach Europa fahren.
もし暇があれば、私もヨーロッパに行くんだけどなあ。　　　　非現実話法 → 接続法第2式

1 直説法と接続法

接続法は動詞に接続詞 dass（「…と」「…ということ」）の機能を持たせた定形である。「…と言う」「…と願う」「…ということを要求・欲する」などの主文に接続することを想定しているので、接続法といわれる。それらの主文は、脳裏にだけあって、述べられないこともある。

ある事柄を ①「願望・要求として」②「伝言として」また ③「非現実のこととして」言い表す場合、ある事柄を「事実として」ありのまま言い表す直説法とは異なる動詞の形を用いる。

接続法の用法には、要求話法、間接話法、非現実話法の3つがある。

用法	背後に隠れている主文	訳
① 要求話法	第1式 と [私/われわれは願う・欲する]	＿＿＿であれ
		＿＿＿でありますように
② 間接話法	第1式（第2式）と [言う・思う]	＿＿＿
③ 非現実話法	第2式 と [仮定する]	もし＿＿＿なら
	第2式 と [推定・結論する]	＿＿＿だろうに

接続法の人称変化

ich	-e	wir	-en
du	-est	ihr	-et
er/sie/es	-e	sie/Sie	-en

参考 直説法（現在形）の人称変化（→第1課）

ich	-e	wir	-en
du	-st	ihr	-t
er/sie/es	-t	sie/Sie	-en

接続法の基本形には、第1式と第2式の2種類あり、人称語尾は第1式、第2式ともに共通である。

2 接続法第1式

不定形の語幹に接続法の人称語尾をつけてつくる。

不定形	lernen	haben	sein
不定形の語幹	**lern**	**hab**	**sei**
ich	lerne	habe	sei △
du	lernest	habest	sei[e]st
er/sie/es	lerne	habe	sei △
wir	lernen	haben	seien
ihr	lernet	habet	seiet
sie/Sie	lernen	haben	seien

例外は sein だけで、あとはすべて規則的に変化する。3人称単数がよく用いられる。人称語尾は −e。

接続法第1式の用法— ① 要求話法、② 間接話法

① 要求話法　　Seien Sie ruhig!　　　　　　　　　　　　　　　　　sein である
　　　　　　　静かにしなさい！（←あなたは静かであれ と私／われわれは願う、欲する）

　　　　　　　Lang **lebe** der König!　　　　　　　　　　　　　　leben 生きる
　　　　　　　国王万歳！（←国王が長く生きますように と私／われわれは願う、欲する）

② 間接話法　　Herr Sato hat mir gesagt, er **lerne** Deutsch.　　　lernen 学ぶ
　　　　　　　佐藤さんは 私に ドイツ語を学んでいる と言った

3 接続法第2式

過去基本形に接続法の人称語尾をつけてつくる。
不規則動詞では幹母音 a, o, u が **ä, ö, ü** に変音する。例外：sollen-**sollte**, wollen-**wollte** など
過去基本形が -e で終わるものは e を二重につけることはしない。hatte-**hätte**, wurde–**würde**

不定形	sein*	haben*	werden*	können*
過去基本形	**war**	**hatte**	**wurde**	**konnte**
ich	wäre △	hätte △	würde △	könnte △
du	wär[e]st	hättest	würdest	könntest
er/sie/es	wäre △	hätte △	würde △	könnte △
wir	wären	hätten	würden	könnten
ihr	wär[e]t	hättet	würdet	könntet
sie/Sie	wären	hätten	würden	könnten
(英)	*were*	*had*	*would*	*could*

規則動詞は直説法過去の人称変化(43頁)と同形である。
口語では sein, haben, werden, 話法の助動詞以外は、助動詞 **würde** とともに用い、
würde ... 不定形の形になることが多い。

接続法第 2 式の用法 － ③ 非現実話法

Wenn ich Geld **hätte, würde** ich mir ein Auto kaufen.
もしお金を持っている（と仮定する）なら、私は車を買うだろう（と結論・推論する）。

haben* 持っている

werden* であろう

Er sieht aus, als ob er krank **wäre.** (㊛ *He looks as if he **were** ill.*)
彼は　　　　　　まるで病気であるかのように　見える。

sein* である

Könnten Sie mir helfen? (㊛ ***Could** you help me?*)
お手伝いしていただけますか。

können* できる

▶ können を接続法第 2 式 könnten にすることで「もしできましたら…」「もしさしつかえなければ…」というような遠回しのニュアンスが加わる（婉曲話法）。

Du soltest mehr an die Gesundheit denken.
君はもっと健康のことを考えた方がいいよ。

sollen* ～するべきである

▶ sollst を接続法第 2 式 solltest にすることで、「～べきでしょう」「～する方がよいのだが」という推奨のニュアンスが加わる（婉曲話法）。

CD2·47

4　接続法の過去

接続法の過去は haben / sein の接続法 + 過去分詞（完了形）の形で表される。

Er sagt, er **sei** dort **gewesen.**
彼は　　　そこにいた と言う。接続法第 1 式・間接話法

sein* いる

Wenn ich Zeit **gehabt hätte, wäre** ich ins Kino **gegangen.**
　　　　暇があったなら　　　　私は映画へ行ったのだが。　接続法第 2 式・非現実話法

haben* 持っている

gehen* 行く

新市庁舎　ミュンヘン

BMW 博物館　ミュンヘン

1 次の文を和訳しなさい。

146
CD2·48

1. Ich habe eine Frage. / Ich hätte eine Frage.

2. Kenji spricht so gut Deutsch, als ob er Deutscher wäre.

3. Wenn das Haus billiger wäre, würde ich es kaufen.

4. Wenn ich Zeit und Geld gehabt hätte, wäre ich nach Deutschland geflogen.

2 取材対象の A（XYZ 総理大臣）から話者の B（ジャーナリスト）が話を聞き出し、その内容を自分の言葉で、読者の C に対して伝えているということを想定して、和訳しなさい。

147
CD2·49

A（XYZ 総理大臣）の話 ⇒〔B（ジャーナリスト）〕→ C（読者）

【B（ジャーナリスト）の記事】(20** 年 1 月 15 日)

Der Premierminister XYZ sagte gestern, er fahre im Mai nach Berlin und spreche mit der Bundeskanzlerin XYZ über wirtschaftliche Probleme.

▶ Premierminister XYZ：XYZ 総理大臣、Bundeskanzlerin XYZ：XYZ 連邦首相。Bundeskanzlerin：Bundeskanzler に女性語尾 in が付いた形。er fahre … und spreche …：動詞が接続法第 1 式・間接話法になっている。er fährt … und spricht というふうに、動詞の形が直説法になっていないことに注意。

3 ドイツ語にしなさい。

148
CD2·50

1. 私は あなたに 一つお願いがあるのですが。

_____

 参考 Ich habe eine Bitte an Sie.「私はあなたに一つお願いがある」（相手に対する遠慮から、この ich habe の habe を接続法第 2 式の形 hätte にして、それがまるで非現実的なことであるかのように、婉曲に表現する）

2. もし私に 時間があると すれば、もっと長くとどまりたいところだ。

_____

 参考 Wenn ich Zeit habe, bleibe ich gern länger [レンガー].「時間があれば、もっと長くとどまりたい。」haben を接続法第 2 式の形にし、後半の主文の初めに、助動詞 werden（〜であろう）の接続法第 2 式の形の würde (英 would)、文末に bleiben を置く。非現実のことを仮定し、それに基づいて非現実なことを結論する言い方になる。

Dialog

149
CD2·51

Wie spät ist es?	— Es ist neun Uhr.
Wie alt sind Sie?	— Ich bin achtzehn Jahre alt.
Was kostet das?	— Das kostet vierzehn Euro.
Wie lange bleiben Sie?	— Drei Tage.
Wie viele Kinder haben Sie?	— Zwei Kinder.
Wann sind Sie geboren?	— Ich bin am 25. April 2003 geboren.

zweitausenddrei
fünfundzwanzig**sten**　（50 頁参照）

♪ Sissi

150
CD2·52

Elisabeth war die Kaiserin von Österreich.	sein*
Man nannte sie Sissi.	nennen*
Franz Joseph verliebte sich auf den ersten Blick in die schöne Sissi,	verlieben
als sie 15 Jahre alt war.	sein*
Am 24. April 1854 fand die Hochzeit in Wien statt.	statt|finden*
Danach begann ihr neues Leben in der Wiener Hofburg.	beginnen*
Die junge Kaiserin brachte vier Kinder zur Welt.	bringen*
Am habsburgischen Hof konnte sie sich nicht frei fühlen.	können*
Deshalb ging Sissi auf Reisen, besonders gern nach Ungarn.	gehen*
Am 10. September 1898 geschah ein schmerzliches Ereignis.	geschehen*
Sissi wurde in Genf von einem italienischen Anarchisten ermordet.	werden* / ermorden
In Japan führt die Takarazuka Revue das Musical „Elizabeth" auf.	auf|führen

注

Elisabeth：エリーザベト、バイエルン公マクシミリアンの二女。1837 年 12 月 24 日、ミュンヘンに生まれる。

Franz Joseph：フランツ・ヨーゼフ 1 世（1830-1916）。オーストリア皇帝（在位はなんと 68 年！ 1867 年にオーストリア ＝ハンガリー帝国を成立させ、ハンガリー国王を兼任）。

Am 24. April 1854：am vierundzwanzig**sten** April achtzehnhundertvierundfünfzig

Hofburg：ホーフブルク（王宮）

Am 10. September 1898: am zehn**ten** September achtzehnhundertachtundneunzig

Anarchisten：Anarchist 男性弱変化名詞（80 頁参照）。

Sissi

Hofburg

♪ Richard Wagner

151
CD2·53

Richard Wagner ist ein berühmter deutscher Komponist.	sein*
Er lebte im 19. Jahrhundert und hat viele bekannte Opern geschrieben.	leben / schreiben*
Er versuchte, die Einheit von Musik und Dichtkunst herzustellen.	versuchen
Sein großes Werk dauert insgesamt 15 Stunden (4 Nächte!).	dauern
Richard Wagner hat in Bayreuth ein eigenes Konzerthaus gebaut.	bauen
Dort finden bis heute jedes Jahr die „Bayreuther Festspiele" statt.	statt|finden*
Da werden viele Opern von Wagner aufgeführt.	auf|führen
Viele Menschen kommen aus der ganzen Welt, um sie zu sehen.	
Deshalb sagt man, es ist schwer, diese Tickets zu bekommen.	sagen

注

ein berühm**ter** deutsch**er** Komponist：-**er** は、比較級の語尾ではなく、二つとも形容詞の混合変化語尾（56 頁参照）。

im 19.（neunzehn**ten**）Jahrhundert

Bayreuth：バイロイト（ドイツ南部、バイエルン州北部の都市。バイロイト音楽祭が有名で、世界中のオペラファンから
　　　　　愛されている街）

finden ... statt：39 頁参照

jedes Jahr：(英) every year（名詞の 4 格を副詞的に用いる）

„Bayreuther Festspiele"：バイロイト音楽祭（Festspiele は複数形）

Bayreuth + er：都市名 + **er** で、「その都市**の**」という無変化の形容詞を作る。

um sie zu sehen：um + zu 不定詞（40 頁参照）

Richard Wagner

Richard-Wagner-Festspielhaus（祝祭歌劇場）

♪ Heidi

152
CD2·54

Heidi ist 5 Jahre alt.

Sie besucht ihren Großvater auf der Alm.

Er ist mürrisch, aber zu seiner Enkeltochter nett.

Heidi lernt Peter kennen. Er hütet die Ziegen des Dorfes.

auf der Alm：高原の牧草地に　mürrisch：不機嫌な、気難しい

Im Sommer treiben Heidi und Peter die Ziegen auf die Alm.

Im Herbst macht Heidi zu Hause Käse.

Im Winter besucht sie die blinde Großmutter von Peter.

Eines Tages kommt die Tante.

Sie fährt mit Heidi nach Frankfurt.

Dort lebt Heidi mit Klara zusammen.

Klara ist krank, deshalb benutzt sie immer einen Rollstuhl.

Herr Sesemann ist ihr Vater.

Heidi erzählt Klara über das Leben in den Bergen.

Klara möchte auch in die Berge fahren.

eines Tages：英 *one day*（名詞の２格を副詞的に用いる）

Wegen des Heimwehs geht Heidi auf die Alm zurück.

Im Frühling kommen Klara und ihre Großmutter zu Heidi.

Auf der Alm leben sie zusammen.

Klara wird gesund. Endlich kann sie wieder aufstehen und gehen.

♪ Fragen

153
CD2·55

- ☐ Wie alt ist Heidi?
- ☐ Was hütet Peter im Dorf?
- ☐ Wann macht Heidi zu Hause Käse?
- ☐ Mit wem lebt Heidi in Frankfurt?
- ☐ Wer ist Herr Sesemann?

『ハイジ アルプスの物語』
Blu-ray&DVD 好評発売中
Blu-ray：4,800 円＋税
発売元：キノフィルムズ／木下グループ
販売元：ハピネット・メディアマーケティング
©2015 Zodiac Pictures Ltd /
Claussen+Putz Filmproduktion
GmbH / Studiocanal Film GmbH

Welterbe

Besonders schöne oder interessante Kultur- und Naturdenkmäler der Welt sind als Welterbe eingetragen. Das bedeutet, dass sie vor allem geschützt werden sollen.

In Japan gehören z.B. der Fujiyama, das Friedensdenkmal in Hiroshima und der Zederurwald von Yakushima usw. zum Welterbe.

z.B. : zum Beispiel　Zederurwald：杉の原生林。屋久島には樹齢 1000 年を超える屋久杉がある。

usw.: und so weiter

Frage 1 各文は日本のどの世界遺産を説明したものでしょうか？

A　Von Kagoshima dauert es mit dem Schnellschiff ungefähr 2 Stunden. Diese Insel ist 1993 das erste japanische Weltnaturerbe geworden. Dort gibt es nicht nur einen großen Urwald, sondern auch viele seltene Pflanzen und Tiere. Die Landschaft der Insel kann man auch in Szenen des Films „Prinzessin Mononoke" sehen.

B　Der höchste Berg Japans gilt von jeher als heilig. Dieser Vulkan befindet sich an der Grenze zwischen Yamanashi und Shizuoka. Katsushika Hokusai malte den Berg mit großen Wellen. 2013 wurde der Fuji als Teil des Weltkulturerbes in die UNESCO-Liste aufgenommen.

葛飾北斎：江戸時代後期の浮世絵師。富士を描いた「富嶽三十六景」が有名。ゴッホにも影響を与えている。

C　Es gibt die Geschichte, die wir nie vergessen sollen. Das Denkmal zeigt uns die tragische Geschichte der Atomwaffen. Außerdem drückt es die Hoffnung auf Weltfrieden aus. Ab und zu nennt man dieses Weltkulturerbe „negatives Weltkulturerbe" wie das Konzentrationslager Auschwitz in Polen.

negatives Weltlkulturerbe：負の遺産

Frage 2 近くにある世界遺産をドイツ語で簡単に説明してみましょう。

Frage 3 日本にはいくつ文化遺産がありますか？　ドイツ語で答えなさい。

E-Mail aus Wien

158
CD2•60

Betreff: Schon ein Jahr ! [1]

Liebe Terumi, [2]

ich danke dir für deine E-Mail.[3] Die Zeit geht schnell vorbei.

Vor einem Jahr haben wir in Wien eine schöne Zeit verbracht.

Gestern habe ich eine Studentin aus Japan gesehen. Sie studiert hier Musik.

Heute Mittag treffe ich sie vor dem Stephansdom und zeige ihr die Stadt Wien.

Zuerst fahren wir zum Schloss Schönbrunn und heute Abend trinken wir Wein in Grinzing.

Ich freue mich darauf, mit dir wieder in Wien Wienerschnitzel zu essen.

Viele Grüße [4]

Deine Imke

Stephansdom：シュテファン寺院
Schloss Schönbrunn：シェーンブルン宮殿（世界遺産）
Grinzing：グリンツィング（地名）。ホイリゲ（ワイン酒場）が点在する。
Wienerschnitzel：ヴィーナーシュニツェル（ウィーン風カツレツ）

①件名
　Betreff: Schon ein Jahr !　もう一年が経ちました！
　Betreff は男性名詞で「…に関する件」という意味。

②相手の名前の書き方（呼びかけ）

			和訳	相手との関係
プライベートメール	Hallo Peter,	男性	ペーターへ	du で呼びかける
	Hallo Terumi,	女性	テルミへ	とても親しい相手☆
	Lieber Peter,	男性	ペーターへ	du で呼びかける
	Liebe Terumi,	女性	テルミへ	親しい相手☆
	Lieber Herr Müller,	男性	ミュラー様	面識がある
	Liebe Frau Tanaka,	女性	田中様	少し親しい相手★
オフィシャルメール	Sehr geehrter Herr Müller,	男性	拝啓　ミュラー様	丁寧な言い方★
	Sehr geehrte Frau Tanaka,	女性	拝啓　田中様	

　☆ du で話す相手にはファーストネームで呼びかける。Herr/Frau はつけない。
　　★ Sie で話す相手にはファミリーネームに Herr/Frau をつけて呼びかける。

③メールの本文は小文字で書き始めます。**ich** danke dir für deine E-Mail!　メールありがとう！

④結びの挨拶

		和訳	相手との関係
プライベートメール	Viele Grüße	ではまた	du で呼びかける親しい相手
	Liebe Grüße	ではまた	
	Herzliche Grüße	それでは	
	Bis bald	近いうちに	
	Alles Gute	お元気で	
オフィシャルメール	Mit freundlichen Grüßen	敬具	丁寧な言い方
	Herzliche Grüße	それでは	面識のある少し親しい相手も可

ドイツ語の封筒の書き方

Frau lmke Lenz　　　　　　　　　　女性の場合は、名前の前に Frau をつける。

Herrn Prof. Dr. Peter Schmidt　　肩書き (Professor, Doktor) を持っている人には、省略形を Herrn
　　　　　　　　　　　　　　　　　(Frau) に続けて書く。Herrn 男性弱変化名詞 (80 頁参照)

Herrn Ichiro Wada bei (Frau) Lenz　下宿の場合は、家主の名前の前に bei をつける。家主には、
　　　　　　　　　　　　　　　　　Herrn, Frau をつけなくてもよい。

Frage 1　日本からドイツへ封書を出す場合、切手代はいくらでしょう?

Frage 2　ドイツから日本へ絵ハガキを出す場合、切手代はいくらでしょう?

ドイツから日本へ

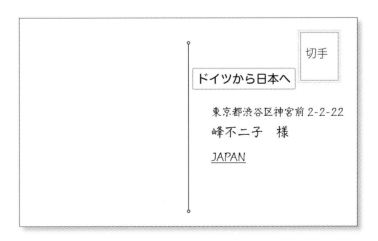

補足文法

1

A 語幹が -t, -d, -chn, -ffn 等で終わる動詞：発音しやすいように du -est, er -et, ihr -et となる。

	arbeiten 働く	**finden** 見つける	**öffnen** 開ける
ich	arbeite	finde	öffne
du	arbeitest	findest	öffnest
er/sie/es	arbeitet	findet	öffnet
wir	arbeiten	finden	öffnen
ihr	arbeitet	findet	öffnet
sie/Sie	arbeiten	finden	öffnen

antwort-en （～³ に答える）　arbeit-en （働く）
atm-en （呼吸する）　bad-en （入浴する）
begegn-en （～³ に出会う）　bitt-en （～⁴ に～を頼む）
find-en （～⁴ を～と思う、見つける）　heirat-en（～⁴ と結婚する）
öffn-en （開ける）　ordn-en （整理する）
rechn-en （計算する）　red-en （語る）
schad-en （～³ を傷つける）　send-en （放送する）
wart-en （待つ）　zeichn-en （描く）

B 語幹が［ス］［ツ］(-s, -ß, -ss, -tz, -z)で終わる動詞：du -t となる。

	reisen 旅する	**küssen** キスする	**heißen** ～という 名前である	**sitzen** すわっている
ich	reise	küsse	heiße	sitze
du	reist	küsst	heißt	sitzt
er/sie/es	reist	küsst	heißt	sitzt
wir	reisen	küssen	heißen	sitzen
ihr	reist	küsst	heißt	sitzt
sie/Sie	reisen	küssen	heißen	sitzen

grüß-en （～⁴ に挨拶する）
heiß-en （～という名である）
küss-en （～⁴ にキスする）
lös-en （解く）
pass-en （～³ に適する）
putz-en （きれいにする）
reis-en （旅行する）
schließ-en （閉じる）
setz-en （座らせる）
sitz-en （すわっている）
tanz-en （踊る）

C 不定詞の語尾が -en ではなくて -n で終わる動詞

	① -eln **lächeln** ほほえむ	**② -ern** **ändern** 変更する	**③ tun** **tun** 行う
ich	lächle	änd[e]re	tue
du	lächelst	änderst	tust
er/sie/es	lächelt	ändert	tut
wir	lächeln	ändern	tun
ihr	lächelt	ändert	tut
sie/Sie	lächeln	ändern	tun

① angel-n （釣りをする）
　handel-n （行動する）
　klingel-n （ベルを鳴らす）
　lächel-n （ほほえむ）
　sammel-n （集める）
　zweifel-n （疑う）
② änder-n （変更する）
　äußer-n （述べる）
　dauer-n （続く、かかる）
　verbesser-n （改良する）
　wander-n （ハイキングをする）
③ tu-n （する）

2

du, er/sie/es で語幹の母音が変わる動詞

A a → ä 型   fahren (行く)   fallen (下がる、落ちる)   gefallen (~³ は~¹ が気に入る)
         an|fangen (始まる)   empfangen (受けとる)   ein|laden (招く)
         lassen (させる)   laufen (走る)   raten (助言する)
         schlafen (眠る)   schlagen (たたく)   tragen (運ぶ、身につける)
         waschen (洗う)   wachsen (成長する)

B e → i 型   brechen (破る)   essen (食べる)   helfen (助ける)
         sprechen (話す)   sterben (死ぬ)   treffen (会う)
         vergessen (忘れる)   werfen (投げる)   geben (与える)

B′ e → ie 型 empfehlen (勧める)   geschehen (起こる)   lesen (読む)
         sehen (見る、見える) stehlen (盗む)

C o → ö 型   stoßen (突く)

特につづりに注意を要する動詞

	lassen ... させる	halten 保つ、止まる	gelten 通用する	treten 踏む，歩む	nehmen 取る
ich	lasse	halte	gelte	trete	nehme
du	lässt	hältst [ヘルツト]	giltst	trittst	nimmst
er/sie/es	lässt	hält [ヘルト]	gilt	tritt	nimmt
wir	lassen	halten	gelten	treten	nehmen
ihr	lasst	haltet	geltet	tretet	nehmt
sie/Sie	lassen	halten	gelten	treten	nehmen

3

冠詞がつかない場合

① 不可算名詞（一定の形を持たず、個数として数えられない名詞）

Ich trinke **Tee**.

②人名、職業、国籍を表す名詞が、sein (~である)、werden (~になる)等と結んで述語になるとき。

Ich bin **Japaner**[1]. Er wird **Arzt**[1]. 彼は医者になる。

③普通名詞が不特定の複数を表す場合

Haben Sie **Kinder**?

④動詞と一つの概念をなして熟語的に用いられる４格の名詞

Sie spielt gut **Klavier**.

> Klavier spielen ピアノをひく

⑤学科名

Ich studiere **Jura**.

A 否定冠詞 kein

不定冠詞つき名詞、無冠詞の名詞（不可算名詞、複数名詞）を否定するとき、その名詞に否定冠詞 kein をつける。

① 不定冠詞つき名詞

Haben Sie 　　einen　Füller ?
Nein, ich habe 　keinen　Füller .

② 不可算名詞

Haben Sie 　　　　　Zeit ?
Nein, ich habe 　keine　Zeit .
Sie trinkt 　　　　　Wein .
Ich trinke 　keinen　Wein .

③ 複数名詞

Haben Sie 　　　　　Kinder ?
Nein, ich habe 　keine　Kinder .

B nicht の位置

全文否定の場合

① nicht を文末に置く。

Er kommt heute **nicht**.　彼は今日来ません。

② (1)述語形容詞(2)過去分詞(3)不定形(4)分離前つづり(5)方向や場所を示す状況語や、定動詞と密接に結びついて動詞の意味を補ったり、一つの概念を作る語句など、文末に置かれる要素がある場合にはその直前に nicht を置く。

	2		nicht	文末	
(1)	**Du**	**bist**		nicht	**krank.**	君は病気ではない。
(2)	**Er**	**hat**	die CD	nicht	**gekauft.**	彼はその CD を買わなかった。
(3)	**Sie**	**kann**	heute	nicht	**kommen.**	彼女は今日来られない。
(4)	**Er**	**kommt**	morgen	nicht	**mit.**	彼は明日いっしょに行かない。
(5)	**Wir**	**gehen**	heute	nicht	**in die Schule.**	我々は今日学校に行かない。
(5)	**Ich**	**wohne**	jetzt	nicht	**in Berlin.**	私はいまベルリンに住んでいません。
(5)	**Ich**	**fahre**		nicht	**Auto.**	私は車を運転しません。
(6)	**Sie**	**kommt**	morgen	nicht.	△	彼女は明日来ない。

部分否定の場合は否定される語の直前。

Er kommt **nicht heute**.　彼が来るのは **今日**ではありません。

ja, nein, doch の使い分け

肯定できかれても、否定できかれても、否定で答えるならば **nein** を用いる。

Bist du müde?　　　**Ja**, ich bin müde.
君疲れているか。　　　　　ええ、ぼくは疲れている。（肯定）

　　　　　　　　　　　　Nein, ich bin nicht müde.
　　　　　　　　　　いいえ、ぼくは疲れていない。（否定）

否定できかれても、肯定で答えるときは doch を用いる。

Bist du **nicht** müde?　　**Doch**, ich bin müde.　　　doch は強い打ち消し
君疲れていないの。　　　　いやいや、そんなことはない。ぼくは疲れてるよ。（肯定）

　　　　　　　　　　　　Nein, ich bin nicht müde.
　　　　　　　　　　いや、ぼくは疲れていない。（否定）

3格目的語と4格目的語の語順

leihen（〜³ に〜⁴ を貸す）
① 4格が名詞の場合→ 4格の名詞の方がうしろ

Ich leihe meinem Freund **ein Buch⁴**.　　私は私の友人に本を貸す。
Ich leihe ihm 　　　　　　**ein Buch⁴**.

② 4格が人称代名詞の場合→ 4格の人称代名詞の方が前

Ich leihe **es⁴** meinem Freund.　　私はそれを私の友人に貸す。
Ich leihe **es⁴** ihm.

4格目的語が名詞なのか、人称代名詞なのかに注目する。

時―方法―場所の語順

Ich fahre morgen mit dem Auto nach Berlin.
　　　　あす　　　自動車で　　ベルリンへ
　　　　時　　　　方法　　　　場所

主語が文頭にある場合、状況語は時―方法―場所の順（英語とは逆）に置く。
強調や口調のために、この語順は変わることがよくある。

形容詞の名詞化

形容詞は後に名詞を伴うことなく、付加語的用法と同じ格変化をして名詞的に用いることができる。名詞となるので頭文字を大文字にする。男性・女性・複数の変化をすると、それぞれその性質を持った「〜な男性」「〜な女性」「〜な人々」を表し、中性の変化をすると、「〜なもの・こと」を表す。

	m （男の）ドイツ人	*f* （女の）ドイツ人
1	Deutsch*er*	Deutsch*e*
2	Deutsch*en*	Deutsch*er*
3	Deutsch*em*	Deutsch*er*
4	Deutsch*en*	Deutsch*e*

	m （男の）ドイツ人		*f* （女の）ドイツ人		*pl* ドイツ人たち		*n* 良いこと、善	
	deutsch		**deutsch**		**deutsch**		**gut**	
1	der	Deutsch*e*	die	Deutsch*e*	die	Deutsch*en*	das	Gut*e*
2	des	Deutsch*en*	der	Deutsch*en*	der	Deutsch*en*	des	Gut*en*
3	dem	Deutsch*en*	der	Deutsch*en*	den	Deutsch*en*	dem	Gut*en*
4	den	Deutsch*en*	die	Deutsch*e*	die	Deutsch*en*	das	Gut*e*
							（何か）新しいもの	
							neu	
1	ein	Deutsch*er*	eine	Deutsch*e*		Deutsch*e*	[etwas]	Neu*es*
2	eines	Deutsch*en*	einer	Deutsch*en*		Deutsch*er*	—	
3	einem	Deutsch*en*	einer	Deutsch*en*		Deutsch*en*	[etwas]	Neu*em*
4	einen	Deutsch*en*	eine	Deutsch*e*		Deutsch*e*	[etwas]	Neu*es*

Er ist **Deutscher**. Sie ist auch **Deutsche**. 男性 女性　　　　deutsch （ドイツ人の）

Steht etwas **Neues** in der Zeitung? 中性　　　　neu （新しい）

Nein, nichts **Besonderes**. 中性　　　　besonder （特別な）

◆国名を表す形容詞を中性名詞化すると，その国の国語を意味する名詞になる。

Ich übersetze den Roman aus dem **Deutschen** ins **Japanische**.

（← das Deutsche）（← das Japanische）　deutsch （ドイツ語の）/ japanisch （日本語の）

冠詞類の格変化まとめ

①定冠詞

	男性	女性	中性	複数
1	der	die	das	die
2	des	der	des	der
3	dem	der	dem	den
4	den	die	das	die

②不定冠詞

	男性	女性	中性	複数
1	ein △	eine	ein △	—
2	eines	einer	eines	—
3	einem	einer	einem	—
4	einen	eine	ein △	—

③定冠詞類の格語尾

	男性	女性	中性	複数
1	—er	—e	—es	—e
2	—es	—er	—es	—er
3	—em	—er	—em	—en
4	—en	—e	—es	—e

④不定冠詞類の格語尾

	男性	女性	中性	複数
1	— △	—e	— △	—e
2	—es	—er	—es	—er
3	—em	—er	—em	—en
4	—en	—e	— △	—e

⑤定冠詞類

	男性	女性	中性	複数
1	dieser	diese	dieses	diese
2	dieses	dieser	dieses	dieser
3	diesem	dieser	diesem	diesen
4	diesen	diese	dieses	diese

⑥不定冠詞類

	男性	女性	中性	複数
1	mein △	meine	mein △	meine
2	meines	meiner	meines	meiner
3	meinem	meiner	meinem	meinen
4	meinen	meine	mein △	meine

⑦ dieser この　　　　welcher どの？　　　solcher そのような
　 mancher かなりの数の　aller すべての　　jeder どの〜も、毎〜

⑧

		単数	複数
1人称		mein□ 私の	unser□ 私たちの
2人称	親称	dein□ 君の	euer□ 君たちの
	敬称	Ihr□ あなたの	Ihr□ あなた方の
3人称		sein□ 彼の ihr□ 彼女の sein□ それの	ihr□ 彼らの、彼女らの、それらの

ich → mein　du → dein　er → sein　sie（彼女は）→ ihr　es → sein
wir → unser　ihr（君たちは）→ euer　sie（彼らは）→ ihr　Sie（あなたは、あなた方は）→ Ihr

① 形容詞の強変化（形容詞■ ＋ 名詞）　無冠詞の場合　▶形容詞が定冠詞のような強い変化をする。

	男性	女性	中性	複数
1	—er	—e	—es	—e
2	—en	—er	—en	—er
3	—em	—er	—em	—en
4	—en	—e	—es	—e

② 形容詞の弱変化（定冠詞［類］＋ 形容詞■ ＋ 名詞）　der や dieser などといっしょに用いる場合

	男性	女性	中性	複数
1	—e	—e	—e	—en
2	—en	—en	—en	—en
3	—en	—en	—en	—en
4	—en	—e	—e	—en

③ 形容詞の混合変化（不定冠詞［類］＋ 形容詞■ ＋ 名詞）　ein や mein/Ihr などといっしょに用いる場合

	男性	女性	中性	複数
1	—er	—e	—es	—en
2	—en	—en	—en	—en
3	—en	—en	—en	—en
4	—en	—e	—es	—en

男性弱変化名詞

単数1格以外、つまり単数2格から複数4格にいたるまでの7か所に -en または -n がつく。

単数	1	der	Student 学生	der	Junge 男の子	der	Herr 紳士
	2	des	Studenten	des	Jungen	des	Herrn
	3	dem	Studenten	dem	Jungen	dem	Herrn
	4	den	Studenten	den	Jungen	den	Herrn
複数	1	die	Studenten	die	Jungen	die	Herren
	2	der	Studenten	der	Jungen	der	Herren
	3	den	Studenten	den	Jungen	den	Herren
	4	die	Studenten	die	Jungen	die	Herren

12

過去完了

過去完了は、過去の事柄を述べている文のなかで、それより以前のことを言うときに使われ、hatte/war（完了の助動詞 haben または sein の過去人称変化形）と過去分詞とを組み合わせてつくる。たとえば、①「〜したときにはもう〜していた」②「〜した後で（〜してから）、〜した」といった文の下線部を過去完了にする。

① Als ich meinen Freund besuchte, war er schon gestorben.
　私が友人を訪れた時にはもう彼は亡くなっていた。

　▶ gestorben → sterben「死ぬ」の過去分詞。sein を完了の助動詞とする点に注意。

② Nachdem er gegessen hatte, machte er einen Mittagschlaf.
　彼は食事をした後で、昼寝をした。

　▶ gegessen → essen「食事をする」の過去分詞

13

werden の用法

①本動詞として

　Ich werde Arzt.　　医者になる。

②未来の助動詞として

　1人称・確約　Ich werde dich nicht vergessen.　　　君を決して忘れないよ。
　2人称・要求　Du wirst jetzt deine Schularbeit machen.　今宿題をするんだ。
　3人称・推量　Er wird jetzt zu Hause sein.　　　　今自宅にいるだろう。

③受動の助動詞として

　In Österreich wird Deutsch gesprochen.　　　　ドイツ語が話される。

14

自動詞の受動

自動詞は本来受動形にはできないはずだが、動作を主眼とした表現では es を主語にして、つまり、動作の主体を具体的に考えない形で受動文が作られる。

Es　　　　　　wird heute Abend bei mir getanzt.　　　　　　　　tanzen自
Heute Abend wird bei mir　　　　　getanzt.　　es は文頭以外では省略される。
今晩私の所でダンスパーティーがある。

参考 **Man tanzt** heute Abend bei mir.

Heute Abend wird getrunken.　　　　　　　　　　　　　　　trinken自
今晩飲み会がある。

Sonntags wird nicht gearbeitet.　　　　　　　　　　　　　arbeiten自
日曜日には働かない。

自動詞の受動を訳す際、「受け身」のように訳さない場合が多い。

sein + zu 不定詞

受動の意味を表す表現

① Diese Frucht **ist** nicht **zu essen**.　このくだものは食べられない。←食べられ得ない
② Der Schüler **ist zu loben**.　その生徒はほめられるべきである。
①は können　②は sollen の意味を持つ。

分詞

動詞と形容詞の2つの性質を<u>分かち持つ</u>品詞のことである。

		形式	意味	付加語的用法	副詞的用法
現在分詞		不定形 + d	能動の継続	「～している名詞」	「～しながら」
過去分詞	他動詞	*ge**-t	受動の完了	「～された名詞」	「～されて」
	自動詞	*ge**-en	能動の完了	「～した名詞」	「～して」

▶ 4格目的語を伴う動詞を他動詞、伴わない動詞を自動詞という。

*be- emp- ent- er- ge- ver- zer- miss-（アクセントのない前つづり）で始まる動詞は、過去分詞で ge- をつけない。

Sie sah das Gesicht des **schlafend_en_** Kindes[2] an.　付加語的　　　schlafen（眠る）
　　　　　　　　　　　　弱 n 2

Das Mädchen antwortete **lächelnd**.　副詞的　　　lächeln（ほほえむ）

Sie ist **reizend**.　完全に形容詞化した現在分詞に限り、述語的に用いることができる　述語的　reizen（刺激する）

Er isst ein weich **gekocht_es_** Ei.　付加語的　　　kochen（ゆでる[他]）
　　　　　　　　　混 n 4

Sie erinnert sich oft an die **vergangen_en_** Jahre.　付加語的　　　vergehen（過ぎ去る[自]）
　　　ge をつけない┘　　　　弱 pl 4

冠飾句

現在分詞、過去分詞が基礎になって、名詞の前に置かれた長い句を、名詞の前に<u>冠</u>する修飾句ということから<u>冠飾句</u>と呼ぶ。その分詞は形容詞の語尾をとる。

Das **auf dem Tisch liegende** Buch ist eine deutsche Grammatik.
机の上にある その本はドイツ語の文法書である。—弱 n1

> liegend は liegen（横たわっている、ある）の現在分詞

Das ist ein **aus dem Deutschen übersetztes** Buch.
それはドイツ語から翻訳された本です。└混 n1

> übersetzt は übersetzen（翻訳する）の過去分詞

主要不規則動詞変化表

aufstehen や verstehen などの複合動詞は前つづりを除いた基礎動詞 stehen の項で見る。

■ に過去人称変化語尾

		不定形	現在形	過去基本形	過去分詞
B	[1]	beginnen 始める	ich beginne du beginnst er beginnt	begann■	(ich habe) begonnen └ ge- をつけない (er hat)
	[2]	bieten 提供する	ich biete du bietest er bietet	bot■	(ich habe) geboten (er hat)
	[3]	bitten 頼む	ich bitte du bittest er bittet	bat■	(ich habe) gebeten (er hat)
	[4]	bleiben とどまる	ich bleibe du bleibst er bleibt	blieb■	(ich bin) geblieben (er ist)
	[5]	brechen 破る	ich breche du brichst er bricht	brach■	(ich habe) gebrochen (er hat)
	[6]	bringen 運ぶ／もっていく／ 連れていく、連れてくる	ich bringe du bringst er bringt	brachte■	(ich habe) gebracht (er hat)
D	[7]	denken 考える	ich denke du denkst er denkt	dachte■	(ich habe) gedacht (er hat)
	[8]	dürfen ～^{4} をしてもよい （話法の助動詞） ～してもよい	ich darf du darfst er darf	durfte■	(ich habe) gedurft (er hat) (ich habe) + 不定形 dürfen (er hat)
E	[9]	essen 食べる／食事をする	ich esse du isst [イスト] er isst [イスト]	aß■	(ich habe) gegessen (er hat)
F	[10]	fahren （乗り物で）行く （乗り物が）走る	ich fahre du fährst [フェーアスト] er fährt [フェーアト]	fuhr■	(ich bin) gefahren (er ist)
	[11]	fallen 落ちる	ich falle du fällst [フェルスト] er fällt [フェルト]	fiel■	(ich bin) gefallen (er ist)
	[12]	fangen 捕える	ich fange du fängst [フェングスト] er fängt [フェングト]	fing■	(ich habe) gefangen (er hat)

	不定形	現在形	過去基本形	過去分詞
[13] finden 見つける／〜と思う	ich finde du findest er findet	fand ■	(ich habe) gefunden (er hat)	
[14] fliegen 飛ぶ／（飛行機で）行く	ich fliege du fliegst er fliegt	flog ■	(ich bin) geflogen (er ist)	
G [15] geben 与える	ich gebe du gibst [ギープスト] er gibt [ギープト]	gab ■	(ich habe) gegeben (er hat)	
[16] gehen 行く	ich gehe du gehst er geht	ging ■	(ich bin) gegangen (er ist)	
H [17] haben 持っている	ich habe du hast er hat	hatte ■	(ich habe) gehabt (er hat)	
[18] halten 止まる／つかんでいる	ich halte du hältst [ヘルツト] er hält [ヘルト]	hielt ■	(ich habe) gehalten (er hat)	
[19] heißen 〜という名前である	ich heiße du heißt er heißt	hieß ■	(ich habe) geheißen (er hat)	
[20] helfen 〜³を助ける	ich helfe du hilfst er hilft	half ■	(ich habe) geholfen (er hat)	
K [21] kennen 知っている	ich kenne du kennst er kennt	kannte ■	(ich habe) gekannt (er hat)	
[22] kommen 来る	ich komme du kommst er kommt	kam ■	(ich bin) gekommen (er ist)	
[23] können 〜⁴ができる （話法の助動詞） 〜できる	ich kann du kannst er kann	konnte ■	(ich habe) gekonnt (er hat) (ich habe) + 不定形 können (er hat)	
L [24] laden 積む	ich lade du lädst [レーツト] er lädt [レート]	lud ■	(ich habe) geladen (er hat)	

不定形	現在形	過去基本形	過去分詞
[25] lassen 〜⁴をやめる （使役の助動詞） 〜⁴に…させる	ich lasse du lässt er lässt	ließ▨	(ich habe) gelassen (er hat) (ich habe) + 不定形 lassen (er hat)
[26] laufen 走る	ich laufe du läufst [ロイフスト] er läuft [ロイフト]	lief▨	(ich bin) gelaufen (er ist)
[27] lesen 読む／読書する	ich lese du liest er liest	las▨	(ich habe) gelesen (er hat)
[28] liegen 横たわっている	ich liege du liegst er liegt	lag▨	(ich habe) gelegen (er hat)
M [29] mögen 〜⁴が好きである	ich mag [マーク] du magst er mag	mochte▨	(ich habe) gemocht (er hat)
[30] müssen […へ] 行かなければな らない （話法の助動詞） 〜しなければならない	ich muss du musst er muss	musste▨	(ich habe) gemusst (er hat) (ich habe) + 不定形 müssen (er hat)
N [31] nehmen 取る／〜⁴にする／ 〜⁴に乗る	ich nehme du nimmst er nimmt	nahm▨	(ich habe) genommen (er hat)
[32] nennen 〜⁴を〜⁴と名づける	ich nenne du nennst er nennt	nannte▨	(ich habe) genannt (er hat)
R [33] rufen 呼ぶ／〜⁴を叫ぶ	ich rufe du rufst er ruft	rief▨	(ich habe) gerufen (er hat)
S [34] scheinen 見える／輝く	ich scheine du scheinst er scheint	schien▨	(ich habe) geschienen (er hat)
[35] schlafen 眠る	ich schlafe du schläfst er schläft	schlief▨	(ich habe) geschlafen (er hat)
[36] schlagen 打つ	ich schlage du schlägst er schlägt	schlug▨	(ich habe) geschlagen (er hat)

	不定形	現在形	過去基本形	過去分詞
[37]	schließen 閉じる	ich schließe du schließt er schließt	schloss▦	(ich habe) geschlossen (er hat)
[38]	schreiben 書く／手紙を書く	ich schreibe du schreibst er schreibt	schrieb▦	(ich habe) geschrieben (er hat)
[39]	schwimmen 泳いで行く／泳ぐ	ich schwimme du schwimmst er schwimmt	schwamm▦	(ich bin) geschwommen (er ist) (ich habe) geschwommen (er hat)
[40]	sehen 見る／～⁴が見える／ ～⁴に会う	ich sehe du siehst er sieht	sah▦	(ich habe) gesehen (er hat)
[41]	sein *be*	ich bin wir sind du bist ihr seid er ist sie sind	war▦ [ヴァール]	(ich bin) gewesen (er ist) [ゲヴェーゼン]
[42]	singen 歌う	ich singe du singst er singt	sang▦	(ich habe) gesungen (er hat)
[43]	sitzen すわっている	ich sitze du sitzt er sitzt	saß▦	(ich habe) gesessen (er hat)
[44]	sollen ～⁴をすべきである （話法の助動詞） ～すべきである	ich soll du sollst er soll	sollte▦	(ich habe) gesollt (er hat) (ich habe) + 不定形 sollen (er hat)
[45]	sprechen 話す	ich spreche du sprichst er spricht	sprach▦	(ich habe) gesprochen (er hat)
[46]	stehen 立っている	ich stehe du stehst er steht	stand▦	(ich habe) gestanden (er hat)
[47]	steigen 登る	ich steige du steigst er steigt	stieg▦	(ich bin) gestiegen (er ist)
[48]	sterben 死ぬ	ich sterbe du stirbst [シュティルプスト] er stirbt [シュティルプト]	starb▦	(ich bin) gestorben (er ist)

	不定形	現在形	過去基本形	過去分詞
T	[49] tragen 着ている／運ぶ	ich trage du trägst [トレークスト] er trägt [トレークト]	trug▨ [トルーク]	(ich habe) getragen (er hat)
	[50] treffen 〜⁴に出会う	ich treffe du triffst [トリッフスト] er trifft [トリッフト]	traf▨	(ich habe) getroffen (er hat)
	[51] treten 踏む／歩む	ich trete du trittst [トリッツト] er tritt [トリット]	trat▨	(ich habe) getreten (er hat) (ich bin) getreten (er ist)
	[52] trinken 飲む	ich trinke du trinkst er trinkt	trank▨	(ich habe) getrunken (er hat)
	[53] tun する	ich tue du tust er tut	tat▨	(ich habe) getan (er hat)
V	[54] vergessen 忘れる	ich vergesse du vergisst er vergisst	vergaß▨	(ich habe) vergessen (er hat)　└ge- をつけない
W	[55] waschen 洗う	ich wasche du wäschst er wäscht	wusch▨	(ich habe) gewaschen (er hat)
	[56] werden 〜¹になる （受動の助動詞） 〜られる、〜される	ich werde du wirst [ヴィルスト] er wird [ヴィルト]	wurde▨ [ヴルデ]	(ich bin) geworden (er ist)　[ゲヴォルデン] (ich bin) + 過去分詞 worden (er ist)
	[57] werfen 投げる	ich werfe du wirfst er wirft	warf▨	(ich habe) geworfen (er hat)
	[58] wissen 知っている	ich weiß [ヴァイス] du weißt [ヴァイスト] er weiß [ヴァイス]	wusste▨	(ich habe) gewusst (er hat)
	[59] wollen 〜⁴がほしい （話法の助動詞） 〜するつもりである	ich will du willst er will	wollte▨	(ich habe) gewollt (er hat) (ich habe) + 不定形 wollen (er hat)
Z	[60] ziehen 引く	ich ziehe du ziehst er zieht	zog▨ [ツォーク]	(ich habe) gezogen (er hat)　[ゲツォーゲン]

気分はドイツ【改訂版】

2021 年 2 月 20 日　第 1 版発行
2023 年 9 月 10 日　第 3 版発行

著　者　　河田 一郎（かわだ　いちろう）

　　　　　渡辺 徳夫（わたなべ　とくお）

　　　　　黒瀬 志保（くろせ　しほ）

　　　　　跡守 美音（あともり　みね）

発行者　　前田俊秀

発行所　　株式会社　三修社

　　　　　〒 150-0001 東京都渋谷区神宮前 2-2-22
　　　　　TEL　03-3405-4511
　　　　　FAX　03-3405-4522
　　　　　振替　00190-9-72758
　　　　　https://www.sanshusha.co.jp
　　　　　編集担当　永尾真理

DTP　　藤原志麻

表紙デザイン　　SAIWAI Design（山内　宏一郎）

イラスト　カガワ　カオリ

写真提供　北原　博（S.49, S.68, S.72）

印刷所　　広研印刷株式会社

表紙画　　東山魁夷「晩鐘」1971 年　北澤美術館蔵

　　　　　（ドイツ南西部の都市フライブルクの大聖堂と旧市街。63 歳ごろの作品）

©2021 Deutsch macht Spaß! Printed in Japan ISBN978-4-384-12301-2 C1084

JCOPY 〈出版者著作権管理機構 委託出版物〉

本書の無断複製は著作権法上での例外を除き禁じられています。複製される場合は、
そのつど事前に、出版者著作権管理機構（電話 03-5244-5088 FAX 03-5244-5089
e-mail: info@jcopy.or.jp）の許諾を得てください。